徐 文 著 Xu Wen

人在成长的过程中，会出现许多次形式多样的叛逆行为。每一次叛逆都伴随着不同程度的挑战，而在挑战中才能认识自己、发展自己。家庭教育是一门科学，也是一门艺术，培养教育孩子是非常复杂而又艰巨的工程。

关注成长

Pay Attention to Growth
Ramble on the adolescent's education

漫谈青少年教育

一个人应该努力成为一个会学习的人，活到老学到老，还要当一个探索者，探索不懂、不会的问题。因为知识不仅会使我们聪明，更重要的是，知识会使我们明白事理，使我们的人生更加有意义。

敦煌文艺出版社

图书在版编目（CIP）数据

关注成长:漫谈青少年教育/徐文著.—兰州：敦煌文
艺出版社，2009.9
ISBN 978-7-80587-960-4

Ⅰ.关… Ⅱ.徐… Ⅲ.青少年教育 Ⅳ.G775

中国版本图书馆CIP数据核字（2009）第171856号

关注成长:漫谈青少年教育

徐 文 著

责任编辑:侯君莉

装帧设计:马吉庆

敦煌文艺出版社出版、发行

本社地址:（730030)兰州市读者大道 568 号

本社邮箱: dhwy@duzhe.cn

本社博客(新浪):http://blog.sian.com.cn/dunhuangwy

本社微博(新浪):http://weibo.com/1614982974

0931-8773084(编辑部)   0931-8773235(发行部)

兰州瑞昌印务有限责任公司

开本 640毫米×1020毫米 1/16 印张 14 字数 135千

2015 年 3 月第 1 版第 3 次印刷

印数: 1~1 200

ISBN 978-7-80587-960-4

定价: 30.00 元

序 言 | *PREFACE*

蔡涵勤

　　随着我国经济建设的迅猛发展，教育
发展也成为大家关注的焦点，伴随着家长
对子女期望值的飙升，望子成龙，望女成
凤，成为每个家庭无可非议的愿望。而从
民族、国家、社会发展的意义上讲，关注
青少年的健康成长，是关心国家未来人才
培养的大问题。这不仅关系到中国社会未
来的发展，民族的伟大复兴，更影响到每
个家庭成员之间能否和谐相处。由此，社
会各界甚至每个家庭都很关心青少年的成
长问题，连带也自然要关注学校教育及相
关办学行为。这就要求我们具体从事教育
教学的人们，不能不研究学校教育的艺术

性、科学性，努力探索和实现良好的教学效果。

为了每个学生快乐、健康的成长，学校为学生提供了良好的受教育环境，在强调教育教学工作应该符合教育规律和学生身心发展的特点，面向全体学生的同时，注重培养学生独立思考的能力、创新能力和实践能力，促进学生全面发展。结合课程标准、课程设置、课程改革及教学方法，将学生的德育与智育教育有机地结合在一起，形成社会、学校、家庭及学生个人相互配合的科学教育体系，使每个受教育者具有良好的道德素质和行为习惯，这是每个教育工作者的职责。

徐文老师既是一位数学老师，还长期担任班主任，与学生的密切交往和心灵沟通，使她在数学教学专业之外，比较留意学生的思想品德及行为习惯教育。日积月累，就有了这部文稿的成书。

初中三年的学习生活是学生身心健康发展的重要时期。徐文老师通过自己教学生涯中对学生多年的跟踪研究，全面细致地分析了初中生心理发展的基本规律和易发生的问题，根据学生表现出来的问题，将学生心理发展的特点划分成各阶段进行了深入的研究，延展了"严格管理与建立良好师生关系相结合，自然成长与适应社会发展需要相结合，个性发展与接受学校教育、家庭教育相结合"的观点，并丰富其实践意义，强调对学生的教育管理活动更加个性化，更加合理

目 录 | *CONTENTS*

第一章
DIYIZHANG

学校教育
XUEXIAO JIAOYU

> > >

第一节 顺利地接受学校教育

一、教育是人类发展的需要

谈到教育，人人都有自己的看法，几乎人人都承认教育对人一生的发展具有重要的意义。

人在不同阶段应该接受不同的教育，从而适应人类自身发展的需要。

由于人的一生是一个不断变化的过程，每一个变化过程都伴随着某种特殊的心理和生理状态，它们不仅承接以前曾有过的状态，并且还能够在现阶段得到发展或完善，同时又为迎接下一个变化奠定基础。人只有在不同的发展阶段，接受不同的教育，才能使自身得到全方位的拓展，才能获得健康、快乐的人生体验。

接受良好的教育，对发挥人的内在潜力具有积极的推进作用。

在研究中我们发现，人的一生大致可以划分为九个阶段，在这九个阶段里会有不同的心理需求，需要得到不同的心理疏导和帮助：

第一个阶段：胚胎形成～0岁是胚胎形成期，接受胎教。科学家们发现，当卵子和精子结合形成一个胚胎后，平均每分钟生长出25万个脑细胞，它对将来的学习能力和生存能力起着决定性的作用。因此，进行胎教是妈妈的事。

第二个阶段：1～3岁是婴幼儿的成长期，接受幼儿教育。如学会爬行、走路、吃饭、说话、使用工具、学会模仿、使用语言……这些都需要父母的精心呵护和教育。在这个阶段，长辈通常是老师，经验是父母育儿的教材。

第三个阶段：4～6岁是儿童成长期，接受学前教育。通常这种教育是在幼儿园完成，学习如何与小朋友相处、学会听老师的话、学会关心他人、学会做游戏、学习唱歌……在这个阶段，幼儿园的老师是实施教育的人员。

第四个阶段：7～12岁是儿童发展成熟期，接受小学教育。开始接受正规的学校教育。在学校学习期间，除了学习生存知识以外，同时学会学习，如学会认字、算术，学会与人交往，养成良好的生活习惯和学习习惯等。学校的老师是主要实施教育的人员。

第五个阶段：13～16岁是青少年成长期，接受中学教育，也是进一步接受学习能力和社交能力的教育，同时培养高尚的道德情操，树立远大的理想，养成良好的学习习惯等。这个时期的施教者主要是学校老师和学生自己。

第六个阶段：17～26岁是人的成熟期，接受高中、大学教育。这一阶段是进一步提高学习能力的教育，同时培养研究能力，不断拓展知识面。这个时期的施教者主要是学习者本人和学校老师。

第七个阶段：27～45岁是发展机遇期，接受社会教育。通过进入实际生活，使自己更加适应社会环境，更好地发挥自身的潜力，为社会做出自己最大的贡献，这个时期的老师主要是本人和社会生活。

第八个阶段：46～65岁是更年期，接受更年期教育。随着生理上发生的巨大变化，进一步地学习如何调整自己的心态，将自己的经历变成经验，再将自己的经验变成财富，同时用自己的人生经验引导晚辈。在这个时期，更多的是自我教育。

第九个阶段：65岁以后是老年期，接受健康、长寿教育。进一步学习如何使自己拥有健康的心理和健康的身体，学习如何能够延年益寿。这个时期完全属于自我教育。

从人的年龄及接受教育的相互关系中，我们可以看出，从0～26岁所接受的26年的教育，直接影响一个人以后50多年的社会生活。因此，从胎儿期～26岁的教育，对人一生的影响是非常重要的。

13～16 岁为青少年成长阶段，是接受初中教育的最佳阶段。虽然青少年成长阶段的课程设置仅有三年，但是去掉前期的适应时间和后期的转轨时间，真正属于青少年的学习时间却很短。在这三四年的成长阶段里，青少年要经受严峻的心理考验，要经受各种好奇心的干扰，要拥有极强的自我克制能力和自我管理能力，使自己拥有正确的人生观、良好的生活习惯和科学的学习方法等。青少年的成长阶段是人生最关键的时期，由于生理上的一系列变化，心理上面对的是一个崭新、奇异的体验，因此，这个时期也是一个形成自我意识的关键时期。

二、教育是个人成长的需要

所有的家长都希望自己的孩子在健康成长的过程中接受良好的教育。学生也都希望自己能遇到一位好老师，学到更多有用的知识。

人分四品："有德有才是珍品，有德无才是正品，有才无德是次品，无才无德是危险品。"这是社会上通行的对人才的认可标准。有学生认为"有才无德是正品，无德无才是次品"，他们对"珍品""危险品"的说法不能理解，更不能理解四种"人品"的真正含义。在学生看来，"才能""成绩"

比"品德"更重要。

作为一名学生，接受良好的学校教育，不仅仅是避免做一个"次品"或"危险品"，也不仅仅是为了做一个"正品"，而是使自己成为德才兼备的学生，使自己成为"珍品"。

人的品德比才能更重要。

学生到学校学习，学到的不仅是文化知识，更重要的是品德教育。通过接受良好的教育，可以在各个阶段获得良好的发展，最重要的是为了明天的发展做好充分准备。

接受良好的学校教育的意义主要体现在以下几个方面：

（一）良好的教育使人获得最佳的发展

学校教育是一个人发展、成长过程中必不可少的需要，特别是青少年，在一个既接受"塑造"，又接受自我"设计"的阶段，不能缺少学校教育。

人在不同年龄段有不同的心理需求和成长需求，教育的形式和内容也随之发生变化，并不断地补充各种知识需求和精神需求，使每个人成为不断进取、勇于奋斗的人。如果一个人接受了良好的学校教育，当他接近自己的社会价值目标时，就能够实现自己的理想。

在良好的教育中，对每个人来说不仅获得知识、能力和对真善美的认识，而且提高了对什么是错误的认识能力，丰富了文化内涵，更重要的是，随着教育内容的不断深入，使受教者获得更多的对社会有用的能力。

从另一个方面讲，接受学校教育可以获得文凭，这是进入社会阶层的阶梯。我们可以看到一个人受到的教育层面越高，他取得高收入工作的机会就越多。

(二) 良好的教育使人获得"独立行走"的能力

在人的成长过程中，会遇到各种各样未知的问题，教育使每个人学会了学习，学会了解决问题，就如同教会一个人走路一样。"一个会走路的人"就意味着"一个能走到各处的人"，"一个能做大事的人"就意味着是"一个已经独立的人"。

人在成长的过程中，学习是一项非常重要的活动。通过学习，人们可以获得生活、工作的能力。学习的积极性越高，学习的能力也越高，人的发展会更加完善，人生将更加有意义。

为了适应环境，也为了生存，人类自然而然就具有学习的本能，有些东西很快就能学会，但有更多的东西仅靠自己的知识和经验是学不会、学不懂的，只有接受教育，吸收前人或他人的知识和经验，才能真正摆脱自然人的本能，成为社会人，最后成为对社会有用的人。

接受教育的过程，就是接受塑造的过程。接受什么教育，就意味着成为什么样的人。

（三）接受良好的教育将使人获得全方位的发展

教育的目的就是将人类已发现的科学文化知识、前辈们总结的经验及体会等通过某种方式或途径传授给后代，这样不仅使人类优秀的文化传承下去，而且在继承前人的基础上得到发展。接受教育是人发展的唯一出路。

人除了自我成长的小环境，还有一个社会生活的大环境。人类是地球上最伟大的生命体，但是个体的生命是脆弱的，一个人的力量是藐小的。就一个人的成长而言，不仅要不断地丰富学识，使自己拥有健康的心理和身体，拥有科学的解决问题的方法，而且还要胸怀大志，心怀国家、民族和人类的未来。

一个人一生要做的事有很多，要学的事也有很多。

由于教育是被动的，所以良好的教育适用于有能力和愿意从中获得益处的一切人。一个愿意接受教育的人，才能从良好的教育中，获得最佳的发展。

三、学校教育的意义

学生到学校来干什么？学生会说："学习知识。"这样说是不全面的。每一个人到学校来不仅是学习文化知识，更重要的是学习如何做人。在学校的大环境里可以学到很多东西，有好的也有不好的，有的学生一天比一天茁壮成长，有的学生好的没有学到，坏毛病却一天比一天多，渐渐地养成了不良的行为习惯，后悔一生。

有这样一个研究：在同一个老师所教的两个初中班级里，采用不同的教育方法。在一个班级里不仅做好教学工作，而且经常给学生讲做人的道理，启发他们的奋斗意识，鼓励他们争做最优秀的自己。而另一个班，只做好教学工作，使他们认真听讲，认真完成作业。一年后，也就是到了初二，前一个班出现的问题比较少，学习差和行为习惯差的学生有明显好转的表现。而另一个班出现的问题比较多，学习成绩差的学生仍保持初一时一些不好的行为习惯。不仅如此，到了初二，在前一个班讲任何做人的道理时，学生听得都非常认真，而在后一个班不论讲什么道理，他们都认为老师在"忽悠"他们，不论大道理小道理，都只让他们觉得老师特别可笑，他们会觉得那些道理都是无稽之谈。

在研究中我们发现，大部分成绩好的学生都有很多做人的道理来指导自己的言行举止，有自己做人的理想和标准。通过与成绩好的学生交谈，能听到他们有的想考清华、北大，有的想当外交部长，有的想当总理，有的想成为有名气的科学家……但是成绩差的学生常常不敢说出自己的理想，甚至有人还没有考虑这个问题。

再如，有的学生个性太强，明明自己错了，还要求老师和颜悦色地批评他。对老师而言，讲道理和批评是两种不同的态度，面对错误不仅要用讲道理的方式进行说服教育，在必要的状况下必须进行严厉的批评，才能纠正错误。对学生而言，通过一次错误的教训，不仅可以学到如何面对老师的批评，而且还能从中获得做人的道理。所以接受老师批评也是一种难得的学习。

一个能顺利接受学校教育的学生，不仅可以从老师、家长、同学那里学到很多有益的东西，还可以在书本知识中获得很多有益于自己发展的技能。能够顺利接受学校教育的学生，学校教育就会促进他们的良好发展。

只要有争做一名优秀中学生的愿望，就可以让自己的生活、学习活动变得更加有意义。

学校教育不是单纯的教与学的活动，而是在传授知识的过程中不断帮助每一个学生树立远大的理想，形成正确的价值观。作为初中生，在学校的日常学习、生活中学到了什么呢？

（一）学会了学习

这里的学习不仅仅指课本、课堂等方面的学习，而是全方位的学习。

所谓学习，就是指通过听、说、读、写、练、记、忆、实践、研究等一些过程或环节，获得对未知问题的认识，或者是获得某种能力、技巧、特长、技术等，这些都具有学习的意义。通过学习书本上的知识可以使我们获得前人的智慧；通过学习名人名言，可以使我们获得前进的动力；通过认识错误，可以使我们得到失败的教训……在任何事情上，我们都可以获得学习的意义。但是要特别注意的是，事情有好坏之分，学好不学坏，不断反省自己的学习活动，不断地总结自己成功的经验与失败的教训，才能使学习活动更有意义。

(二) 学会了宽容

"宽容"就是胸怀大度，有气量，不计较个人的得失。宽容是学出来的，是培养出来的，不是与生俱来的。学会宽容他人，不仅给自己带来吉祥，而且在宽容、理解他人的同时，与他人建立起良好的人际交往关系。

(三) 拥有了知识

学习成绩的好坏虽然不能完全决定一个学生一生的好坏，但是学习成绩的好坏却可以衡量青少年在中学成长阶段对自己关爱的程度，同时还可以看出这个学生结合学校教育对自己的培养有多少。虽然有许多事情在后悔之后可以进行补救，但是在"补救过去"的事情时，我们会少做很多"现在应该做"的事情。在补救的过程中，我们会失去很多的机会。所以初中生应该借用成绩这个指标检查、提醒自己，使自己成为一个学习成绩优异，拥有健全人格，德才兼备的中学生。

（四）健全了人格

健全的人格体现在善于发现自己的兴趣，能有意识地发展并培养自己的爱好，有正常的人际关系，有健康的心理，有安全感，有较强的受挫力，能忍受冲突、挫折、孤独，善于解剖自己，认识自己的优缺点，不卑不亢，能积极热情地投入到生活、学习、工作之中，能正确认识各种矛盾之间的差别，并能创造性地开创新局面。健全的人格都要在良好的教育中得到培养。

（五）开发了人类的七种智力潜能

研究表明，智力的发展规律是：从出生到 16 岁，这段时间内，智力一直随年龄的增长呈直线上升趋势，发展的速度很快。16 岁以后，智力的发展速度减慢，但仍有所升高。智力的发展和速度的变化，不仅表现在智力的总体发展趋势上，而且还表现在智力在各个组成部分的发展速度上有明显的差异。如果把人一生所能达到的智力水平看做 100%，那么从出生到 3 岁获得的智力是 30%，4～7 岁获得的智力增加到 40%，到 16 岁大约增加到 60%，而 65 岁以后的智力水平增长得非常缓慢，如果放弃自我教育和学习，智力水平将开始逐渐下降。

智力的发展有一个关键时期。如口语发展在 2～5 岁，书面语言在 4～6 岁开始得到发展，数的概念在 5～5 岁半开始发展，词汇能力在 5～6 岁开始得到发展，知觉、认知能力在6～12 岁开始得到发展，逻辑推理和词汇的理解能力在 13～18岁开始得到发展，语言表达的流畅能力和综合知识能力在 18岁以后才开始得到发展。因此把握不同智力组成部分的关键期是尤为重要的。

心理学家们研究后发现，人类大致有 7 种不同类型的潜力需要开发：语言潜力、逻辑或数学思维潜力、音乐潜力、空间或视觉潜力、运动或身体平衡潜力、人际交往潜力、内在智力与内省潜力。

人的智力开发的程度如何，体现在解决问题的过程中对问题作出决策的准确程度，或承担适应环境任务的能力的多少。不论哪一种智力，通过良好的教育后，都能得到最佳的开发和利用，从而使受教育的人在自己所从事的职业中获得最大的成就。

青少年处在 13～16 岁的年龄之间，正是培养逻辑推理能力、语言表达能力和理解能力、综合知识的能力等多种智力活动的最佳时期。

四、获得最佳的学习能力

说到学习，很多学生或家长认为掌握书本上的知识就是学习，其实不然。学生在学校学习课本知识仅仅是学习的一种形式，而以书本知识为载体获得学习的能力才是根本。拥有了最佳的学习能力，才叫做会学习。

不同的阶段培养不同的能力。

学校教育的一切活动都是学生的学习过程。一个能顺利接受学校教育的学生，不仅可以获得许多知识，而且还可以获得多方面的培养。例如在听老师讲话的过程中学会了倾听，在认真听课的过程中学会了模仿与拓展，在服从老师分配任务的过程中学会了服从，在接受老师的批评中懂得了人生的道理……所有这些都是成长的财富，都是通过学习得到的。

在研究中我们发现：学生在初中三年的学习时间，按学期可以划分为六个不同的培养阶段，在不同时期完成不同的主要培养任务，才能在三年的学习期间获得最佳的学习能力。

第一阶段：初一第一学期，学生应该培养良好的学习习惯，尽快适应初中的作息时间和学习方式。

第二阶段：初一第二学期，学生应该培养对各学科语言的理解能力和接受能力。

第三阶段：初二第一学期，学生应该培养探究能力、想象能力、分析能力等思考问题的能力。培养综合思维能力，以及处理多信息问题的能力。

第四阶段：初二第二学期，学生应该以培养对比思维、反向思维、类比思维等思维方法为主，培养独立自主的学习能力。同时在学习各学科知识的同时，获得文化的熏陶。

第五阶段：初三第一学期，学生应该以培养严谨的思维方式为主，建立科学的思维体系，在认真对待每一个知识点的过程中，进一步体验"科学验证猜想"的论证性思维方式，建立起科学创新的意识观。

第六阶段：初三第二学期，学生应该以培养逻辑思维能力、严谨的治学态度、坚忍不拔的学习毅力、勇于探索的学习精神为主，培养学习的积极性和学习的勇气，逐步形成善于应用知识、积极投入思考、科学严谨地解决问题的学习态度。

不论对谁，学习活动都是一个复杂的心理活动，提高学习效率，获得知识技能，掌握学科知识，都必须经过严格的学科训练，继而从获得的学习能力中，形成最有效的应变能力。一个有心的学生会时时处处获得学习的意义！

目前，全球经济的发展，给人类的发展带来了巨大的影响。人们已经清楚地认识到：掌握知识和信息就是掌握命运。

现代科学技术发展之迅速，对人的能力提出了更高的要求。电脑、机器人等这些智能化的机器已逐渐代替了人的工作，人类甚至已将情感赋予这些机器。在未来的世界里，不是人控制机器，就是机器控制人。

能够获取信息、分析信息、研究信息、组合信息、创造信息的人，才是高级人才。只有通过分析、综合、概括、想象等多种思维方式整理信息，才能有助于信息的内在处理，从而得到有价值的信息。

中小学教育的宗旨是为培养高级人才打下坚实的底子，使他们拥有最基本的能力。学校的教育形式决定了学习活动的范围和学习方式。学生学习的是前人已发现的结果，在这些结果中研究前人的思维方式和情感。虽然每个问题的答案早已经被老师讲得明明白白、清清楚楚，但是在这些学习活动中仍有很多环节可以培养青少年获得科学的思维方式。那么，初中生怎样在中学学习阶段，使自己拥有一个最佳的学习方法？

①获得研究性学习的能力，使思维活动更加灵活

最佳的学习能力是拥有研究性学习和探究性学习。这种能力可以通过每一个例题、习题，或处理每个疑难问题中得到培养，并在每一次考试中得到检验，在学习新知识中得到发展。在学校不仅可以学到人类已有的知识，而且还可以接受并获取新知识、新技能，为迎接新的挑战做好充分的心理准备。

学校是允许学生失败的地方，学校也是学生接受鼓励的地方。学生可以通过用他们的感官来亲身体验、感受、探索这个世界。

在学校，学生通过学习各学科内容获得用脑技能的训练。人的大脑是硬件，思维是大脑活动的内容。所有的信息，只有通过大脑的加工，才能产生出更新、更有用的信息。人类的大脑经过培养、训练，才能激活更多的机能，才能更好地发挥大脑的积极作用。

②借助学习活动，获得学习经验、方法的本领

通过观察学生的学习活动可以发现：如果学习活动是陈旧的，学生对学习活动就没有兴趣；如果学习活动是新颖的，学生对学习活动将保持较长时间的兴趣；如果学习活动有一定的难度，那么学习活动就会促使学生产生创造性的思维。学生的学习能力是通过活动中的每一次体验获得培养的。

随着时代的进步，人们的教育观念发生了很大变化，认识到学校的教育任务，已不仅仅是培养"知识型"人才，还要培养"智能型"人才。学校教育不仅使学生要掌握基本知识，还要不断掌握学习经验、方法等技巧，将知识学习和技能学习融为一体；将思维方法的学习和培养创造性思维的能力融合在一体。只有这样，才能获得最有效率的学习。

③通过各学科的学习，获得科学的思维方法

学校安排学生学习的各学科知识，集中体现了人类思考问题的方式，在不断增长的文化知识中，熟悉并拥有这样的思维方式，从而形成科学的思维体系。

人的思维活动是一项非常复杂的心理现象。有时像直线一样，从一个现象到另一个现象，有时是突发奇想，有时是层层递进的推理……但无论哪一种思维形式，都是对事情因果关系的分析，人的认识总是在努力寻求对现实的真实反映，并对每一次的认识不断进行补充、进化和发展。没有客观现实提供的信息资料，人们就无法进行思考。从信息的观点来看，思维的过程就是对信息接受、选择、加工、转化、储存、输出的处理过程。

人的思维过程不仅具有对信息的整合、处理作用，还具有对信息的再创造过程，人人都具有这种思维特征。当人的思维伴有需要解决的问题时，这时的思维活动才具有生命活力。

科学的思维活动包含发现问题、解决问题、应用分析、综合概括等逻辑推理的整个过程。科学的思维是我们获取和学习新知识、认识客观世界、创造一个新世界的关键。

一个会思考的人，才是一个有思想的人，才有可能产生经验，并用经验、知识进行一番新的创造。掌握科学的思维方法对学习活动是非常重要的。

④积极主动地接受教育，才能获得最佳的学习能力

初中生的智力仍处在开发阶段，需要进一步调整大脑的工作机能，才能继续开发大脑的潜力。

　　人的大脑有着神奇的作用。人脑进行科学训练越完善，被激活的区域就越多，大脑对各种信息的接受能力就越快、越敏感，大脑储备的信息量就越大，处理信息的能力就越强越灵活。人脑不会因为一个新思想的到来而停滞，它只能随着新思想而延伸、拓展，并且不会回到原来的层次。人类的大脑有着不可思议的储存信息的能力。一个受过严格训练的大脑，不仅能储存原有的信息，而且还能以受训时学到的方式对信息进行重组，创造出不同于原来的信息。历史上所有伟大的发明，哪一个不是把几个不同的事物组合在一起后产生的新产品？这种发明创造其实质就是新思想、新思路产生的体现。学校教育能完成对大脑的严格训练，各学科的学习过程完成的是"信息重组"训练，所以，在学校学习的过程就是培养创造力的过程。

　　学校教育可以使学习者具有研究性的学习能力，并在模仿的基础上学会科学的思维。所以，在接受学校正规教育的过程中，不仅要获得学习能力，而且还要培养灵感和直觉，让自己去想、去做，使大脑被激活的区域更多，从而使青少年获得更多的知识和能力。

五、学会自我教育

青少年的自我教育能力是健康成长的关键环节。

健康的心理是积极向上的，是我们顺利进行各项工作、愉快生活、快乐学习的基础。而且健康的心理可以使各种智力潜能和情绪潜能发挥积极的作用。

活泼开朗是健康心理的一个重要的特征：使自己心情愉快，保持童心，勇于面对遇到的困境，正确对待自己的冲动、消沉等一些不良情绪的影响；增加各方面的兴趣，勇敢地举手发言，勇敢地在众人面前说话都是初中生健康心理的表现。接受学校教育，是为了使每一个受教育者获得心理和身体的健康发展，即获得全面的发展。自我教育是在学生学习文化知识的过程中逐渐形成的能力，可以体现在以下几个方面：

（一）学会珍惜自己

学会珍惜自己，不仅仅是为了个体得到发展，也是为了他人的发展。

一个懂得珍惜自己的人，才有可能帮助别人；一个不会珍惜自己的人，也一定是一个不懂得关心、爱护别人的人。

珍惜自己、珍爱生命是青少年必须懂得的第一课。我们经常看到一些学生用坚硬锋利的东西在自己的胳膊上刻上心爱人的名字，这种自我伤害的目的是告诉对方自己的"忠诚"。

还有一些学生，由于不能接受老师或家长的批评、唠叨，不会调整自己的心态，结果用离家出走的方式伤害自己和家人。几乎每一个离家出走的学生都会有"在外面的日子不好过"，"外面没有家里好"的感受。在外面的时候，想得更多的是家里的饭菜、父母、同学，希望自己能背着书包上学，离家出走的学生常常后悔自己的举动。

有些学生仅仅由于学习上遇到困难，就轻率地放弃了学业，对自己采取破罐子破摔的消极态度。

有些事情后悔了还可以挽回局面，然后有些事情后悔却永远无法补救。

对于初中生来说，会遇到许多的心理困惑，同时也会遇到许多的艰难险阻，学会战胜眼前的困难，坚守自己远大的理想和目标，才是一个懂得珍惜自己的人。

但是，有些青少年知道应该珍惜自己，却不知道怎样做才能更好地珍惜自己。在学习、生活中出现了许多相互矛盾的认识和相互矛盾的言行举止，常常使自己处于困惑之中，导致最后做出有损于自己的行为。

有些学生不惜用生命为代价，采用自杀、自残等方式维护自己的名誉，这种行为是愚蠢的。这是一种不会珍惜自己的可怕行为。

有些同学在受到家长的批评时，错误地认为是家里容不下他，家里人对他的关心使他心烦。他们采取强词夺理，为自己辩解等方法掩饰自己或大或小的错误。采取错误的行为来掩饰自己的错误也是一种不会珍惜自己的表现。

在日常生活中，每个学生都会有许多想不通的事、说不清楚的理，有些时候说明白了却难以做到，而有些时候不明白为什么却又要必须做到，甚至很多时候很难与家长、老师交流沟通，似乎自己从没有对的时候，所以感到非常难、非常痛苦。此时，青少年采用正确的方法来保护自己的权利是非常重要的。

首先，应该珍惜生命。

人的生命只有一次，应该倍加爱惜。青少年的生活应该是充实的、美好的。但是更要明白挫折也是生活中的一个内容，不能因为挫折的存在而否认生活的美好，有生命的人才能享受生活。做任何事情都不能轻易地将生命搭上，用死来克服眼前的困难，是一件多么划不来的事啊！

其次，应该学会沟通。

人在遇到困难时常常会表现出烦躁不安的情绪，有些困难、疑惑目前可能得不到解决，这时就需要你以良好的心态去面对、正视它的存在。有时也会遇到一些不愉快的事情，如受到老师、家长的批评，与同学发生冲突等，都会产生不良的情绪反应。这时你可以找一个恰当的时间与你的老师、父母、同学心平气和地谈谈你的心里话，也可以用书信的方式进行交流。如果你能与他人交流，能倾听他人的心里感受，就如同让阳光、新鲜空气进入自己的胸腔，这时你的心情会好许多的。还可以通过博览群书，开阔视野，提高自己的文化素养，用你的智慧和胆识去迎接各种困难和不良情绪的挑战。

最后，应该珍惜生命，热爱生活，让自己的人生绽放灿烂的光彩。

人活着不仅是为了自己，还应该为了周围关心自己、爱护自己的人们而活。人活着也是为了社会、民族的发展。为此，我们每一个人都应该珍惜生命，充实、丰富自己的生活，寻求人生的价值。有些人把人生当做一场梦，随心所欲，自私自利，从不顾及他人的感受，常用玩世不恭的态度对待他人，这些言行举止都是在糟蹋自己的人生，糟蹋自己拥有的美好生活。

懂得珍惜自己的人，就是热爱生命的人。一个热爱生命的人，会用乐观的态度看待周围的事物，对他人友爱、宽容和豁达，对学习充满兴趣和热情，对自己充满自信，并能知错改错。这些道理是初中生都应该懂得的，只有这样才能拥有快乐的人生。

不会珍惜自己的人，是不能忍受挫折的人。对任何事物缺乏兴趣，满腹牢骚，悲观，甚至厌弃自己的生命。

让我们每个人从珍爱自己开始，享受每一天的美好时光吧！

(二) 学会管理自己

在观察中我们发现：管不住自己的学生常常比较任性。不能进行自我管理的学生，一定是一个盲目从众，同时也是一个有许多不良行为举止，而且学习成绩比较差的学生。

我们经常听到有家长疑惑地说："这孩子怎么回事？小时候挺好，又听话、又聪明，还拿过很多奖，怎么长大了，反不如小时候好了？"事实上，大约70%的青少年都会给人造成这种错觉，常常是中学不如小学，高中不如初中，这是什么原因呢？

中学生随着学龄的增长，认知能力的增强，认知范围扩大，生活范围都在悄悄地发生着巨大的变化。只有懂得管住自己的耳朵、眼睛、心思、嘴巴、情绪的学生，才会随着年龄的增长而越变越好。在学校里，常常能看到不懂得管住自己的学生经常出现行为偏差，使自己处于尴尬的状况中。

另外，学会管住自己还是一个非常重要的成功因素。

我们经常可以看到，有部分学生因受到种种成长困惑的干扰，导致学习成绩很差，也有很多学生能克服成长困惑的干扰，取得了较为满意的成绩。两者的区别仅在于是否能管住自己。

培养良好的习惯，必须先学会管住自己。能管住自己的学生，往往是有坚强毅力的学生，正因为有坚强的毅力，所以才会有满意的收获！一个人是否具有自我管理能力是衡量一个初中生成熟与否的标志。

初中生应该懂得管住自己，在心里有个计划，到该做事时，绝不放任自己。只要心中有数，每个人都能做到管理好自己，都能成为优秀的学生。那么，初中生怎样才能管住自己？

第一，应该有管住自己的愿望。

在很多情况下，初中生常常是有意识地放任自己。他们不是不懂管住自己的意义，而是认为"难得这么一次放松，为什么不可以放松一下自己呢"？也许他（她）早已忘了，这样的"放松"已经不是第一次或第二次了，总有一天他（她）会后悔放任自己带来的不良后果。所以要有管住自己的愿望，通过制订计划，限制自己的行为，严格按照计划办事，告诫自己"你是一个需要被管理的人"。

学会用心理暗示来约束自己是一个有效的方法。

第二，要敢说"不"。

有很多同学后悔的原因不是他（她）不知道事情的利害关系，也不是不知道管住自己的意义，只是碍于朋友的面子，不好意思说"不"，或不敢说"不"。比如，有几个同学在一起玩得不错，渐渐成了好朋友。在一次玩耍中，其中一个同学与别班的同学发生了矛盾冲突，由于不好意思劝说自己的朋友，结果几个人合起来打群架。事后，每个人都很后悔，当时没有人劝说自己不要那么激动，也没有人劝说自己不要打群架。一个"不好意思"的心态使自己和朋友都受到处分。再如，也是几个初中生，经常在一起玩，渐渐成了好朋友，其中有一个同学染上了上网的毛病，结果其他同学不好意思说不去，也被拖下水，都染上了网瘾。而只有勇敢说"不"的初中生，才能在管好自己的前提下影响、帮助其他的同学。所以，要勇敢地说"不"，只有敢说"不"的人，才能得到他人的尊重，才不会失去自我。

第三，要有毅力克制自己。

管住自己是一件非常不容易的事，一个能管好自己的人，才会有很多成功的机会。在受到批评时，常能听到学生为自己辩解说：我知道这是错的，就是管不住自己。所以，能否管住自己是一种毅力的考验。如在写作业时，你遇到了难题，你是放弃呢？还是研究它、钻研它呢？人天生就具有惰性，如果你能战胜惰性，克服人性的弱点，你就是一个成功者。

(三) 学会认识自己

在观察中我们发现，大部分学生到了初中阶段，已经有了反思能力，对自己的行为有一定的判断能力，在老师和家长的批评教育下，能够对自己出现的问题进行抉择性的评断，这个过程就是学生的一个自我教育的过程，也是一个与自我对话的过程。

一个会反思自己、会进行自我教育的人，才是一个能不断进步的人，才是一个有进取心的人。

对初中生，笔者曾做过这样一个测试：对初中的三个不同年级的学生问"你是否反思自己的过去"的问题后，发现初一的学生很少反省自己，很少思考自己做过的事是否正确，也很少想过自己是否做过错事或傻事；初二阶段的学生偶尔反思自己，有时能感到自己做了错事或傻事；初三阶段的学生中，学习成绩好的学生会经常主动地反思自己的行为，深深感到自己曾经做过很多的错事和傻事。而学习成绩差的同学仍然很少反思自己的行为，也不想自己是否做过错事或傻事。另外，初中生中有一个共性，就是学习成绩好的学生反思自己的较多，认为自己曾经做过不应该做的事，而成绩差的学生很少反思自己，也很少认为自己曾经做过不应该做的事。因此，是否能主动地进行自我教育，直接影响着青少年的进步幅度。只有学会反思、学会认识自己的人，才能进行自我教育。经过研究，我们发现青少年是在认识自己的过程中逐渐长大的。主要体现在以下几个方面：

1. 在不断反思中认识自己

"反思"的过程就是在敲开自己内心世界的大门，能认识到自己的错与对，哪怕是一件微不足道的小事，都表明自我内心世界的大门已被自己悄悄地打开。

在儿童时期，支撑内心世界的精神支柱是父母和老师，而到了青少年时期，心中不仅有父母、老师，还有朋友，甚至还有一个"自我"开始在心中渐渐产生力量。当一个人能与"自我"进行交流，并注视着内心自我的发展、变化，就意味一个人正在悄悄地长大，正在走向成熟。

打开心灵的大门，就是让心享受阳光的温暖，让精神得到安慰，让心情变得愉快，让头脑变得冷静，让自己鼓起勇气和信心来战胜困难。

2. 在体验是非曲直中认识自己

在老师之间经常能够听到抱怨：现在的初中生真难管理！其实不是现在的初中生难以管理，而是学生在初中阶段，已进入人生的一个转折点，他们不是很听家长和老师的话，常常自行其是，想怎样就怎样，不考虑别人的感受，考虑问题非常偏激。这个年龄是一个体验社会、独立认知社会的阶段，是初次形成"我的经验"的阶段，是犯了错误后才能体会到

"不听大人的话就会吃苦"的滋味的阶段，是自以为是的阶段，是成长过程中最危险的阶段。

3.在不断纠正错误中认识自己

学生在初中学习阶段会经常犯错误，这是一种正常现象，是青少年希望自己尽快成熟起来的心理作怪，由于还不能用正确的方法和途径，所以出现了盲目模仿表面的现象。这些错误主要表现在言行举止与学习习惯两个方面。

常见的不良行为有：

①说谎话。如说一套做一套，说话不算数，用假话掩盖自己所犯的错误，用假话掩盖自己的真正目的。

②虚伪。如明明知道是错的却要假装不知是错，明明没有想到却装腔作势表现出早知道，明明只知道一点点却装出什么都知道，经常摆出一副与众不同的架势，故意引起别人的注意。

③讲吃讲穿。染头发，戴耳环、项链、手链，有的女生偷偷抹口红、画眉毛等，有校服不穿，偏偏要穿上他（她）喜欢的服装，校门内是校服，一出学校大门立刻脱去校服换上他（她）带来的衣服。

④扮"酷"。模仿某些演艺人员的模样，行为散漫，一脸无所谓的样子。有些男生抽烟、喝酒、打群架，让整个班集体乱成一塌糊涂，让老师无法正常上课。

⑤小偷小摸。如偷同学的笔、擦子等文具，看到同学的好东西偷偷地拿走归自己所有，或偷公共财物以满足自己用钱的需要。

⑥恶作剧。干些损人利己的事，看别人的笑话。

⑦偷懒。懒得做任何事，凡是遇到干活出力的事他（她）总是有诸多理由，借口跑掉，或从不认真、仔细地完成，很少保质保量地完成劳动、值日生工作。

⑧盲目从众。认为有些事大家都在做，自己也可以做，是非观念淡薄。常常出现偷家里的钱、不守信等行为，使自己脱离正常的生活轨道。

⑨迷恋上网。不能正确对待上网活动，贪恋网上游戏、聊天，传播网上不健康的内容，并因此出现偷钱、旷课、学习成绩下降的现象。

常见的不良学习习惯有：

上课不专心听讲，做小动作，说话，看闲杂书籍，不做笔记，不写作业，考试作弊等等恶习伴随着整个学习活动。

学生因犯错误而受教育，在接受教育的过程中，获得新知，获得新的体验。有很多时候，同一个错误是不同原因造成的，如上学迟到可能是睡晚了、堵车了、肚子疼了、心情不好了……纠正一个错误可能会同时控制几个可能会出现的错误。如果一个学生几乎没有受到老师或家长的批评，那一定不是一件好事。

在成长的过程中，"犯错误"也是每个学生的精神财富，在错误中获得成长的经验。犯错误是必要的，也是非常有意义的，不要怕自己犯错误，而应该正确地面对错误，知错改错，从错误中成熟，从错误中长大。

4. 在困惑中认识自己

随着年龄的增长，学生的心理发生着巨大的变化，对自己看到的、听到的一切东西表示出全方位的怀疑和疑惑，他们需要亲自体验和感受生活，同时也有了复杂的心理体验等。如要经历性心理、嫉妒心理、自卑心理、叛逆心理、受挫心理、焦虑心理、学业不良造成的厌学心理等各种矛盾造成的重重困扰的体验。在这些困扰中，若正确认识战胜了错误的认识，青少年就能健康成长。若错误的认识战胜了正确的认识，那么，就会使自己走弯路。青少年就是在这种思想斗争中悄悄地成长起来的。

初中阶段的学生，是在不知不觉中长大的，是在重新认识这个世界的同时，认识这个世界中"小小的我"，调解"我"的发展。在这个过程中不断地接受自己、发现自己、调整自己，使自己更适应班集体的生活，更适应家长、老师的要求，直至最后更适应社会的要求。

（四）学会做一个最好的自己

在人成长的过程中，会听到许多的道理和感悟，在这些感悟和道理的影响中，逐渐形成自己的思想认识和观点，并指导自己的行为。

一个人应该努力成为一个会学习的人，活到老学到老，还要当一个探索者，探索不懂、不会的问题。不仅如此，一个人还要尝试当"间谍"，偷偷地学习别人的长处，用来弥补自己的短处或不足之处，只有这样，才能成为一个完美的人。

对于学生来讲，只要你会学习，你就天下无敌，没有什么事情能难倒你。

作为一个学生，需要学习很多有用的知识，这不仅是因为知识会使我们更加聪明，更重要的是，知识使我们更加明白事理，使我们的人生更加有意义。

很多初中生还不懂得什么是成功，面对自己的失败或挫折常常处于自卑状态，面对自己的好成绩，沾沾自喜，自以为是，面对别人的成功常常以复杂心理评价。

有些初中生认为成绩是衡量成功的标尺，认为好成绩等于成功，自信心十足。自卑的学生常常认为不好的成绩等于失败，破罐子破摔。其实不然，成绩只是成才的一个要素，一个人的成才需要许多因素的累积。

有很多初中生都渴望自己是最优秀的，渴望自己将来能像某个人一样成为大家的追逐者。因为，很多成功人士的外在效应已经深深震撼并影响着青少年。

一个人的成长不仅要依靠他人的教育，还要依靠自我培养。两种教育相互结合，相互弥补，取长补短，才能使自己获得人生的智慧，才能使自己成为对社会、对人类有用的人才。

在调查中人们发现，大部分成功人士，在他（她）很小的时候，就已经为自己树立了奋斗目标，换句话说，几乎每一个成功人士，都是一个实现了自己的理想，甚至超越自己理想的人。作为初中生，首先要做最优秀的自己，才能为将来成为一个成功人士奠定良好的基础。那么，初中生应当如何做，才能成为优秀的初中生呢？

第一，要有理想。

有理想的人才会成功。理想是人奋斗的动力，理想是人前进的目标。

成功有许多外在的表现。就初中生而言，有良好的品质，有学习能力，学业成绩优异，有良好的人际关系，有健康的身体，有健康的心态等等就是成功的。当一个人确定了自己的前进目标后，在接受良好的教育以及在自我培养的过程中，就会自觉、主动地反省自己的言行举止，不断积累自己的经验和教训，不断严格要求自己，从而获得全面发展。

第二，做一个有爱心、能理解他人、讲诚信的人。

生命是脆弱的，每一个人都需要他人诚心诚意的帮助。人心是孤独的，每个人都需要他人的关心、交流，人只有团结在一起，才能战胜自然灾害、疾病等给我们带来的痛苦。人与人之间需要相互关心、相互理解，人们只有生活在和谐的环境里，才能共同开创生活的新局面。

第三，做一个有理想、有抱负、有能力的人。

人有许多的愿望，满足了一个愿望之后，就会紧跟着有第二个、第三个……更多的愿望产生，换句话说，人的愿望无穷无尽。但是，一个人的理想和愿望如果只考虑到自己，那么这样的人是不受欢迎的。只有做一个全心全意为别人服务，立足于多作贡献的学生才是一个受人尊重的人。

第四，做一个拥有良好素质、习惯和态度的人。

人不同于动物，人是有渴望和梦想的。当人缺少积极的态度，缺少自信心、勇气、胸怀和乐观的人生态度时，就很难实现梦想，从而虚度自己的年华。

第五，随着年龄的增长，初中生应该成为一个有开拓意识，有创意、有专业知识、有管理能力、有经济头脑的人。

对于地球、宇宙以及人类自身，还有许多的奥秘等待揭示，人为了生存，还有许多的事情需要不断地完善。我们每个人都应该为人类的生存作出自己的贡献。虽然初中生目前还是个孩子，待长大成人后，应该是一个有所作为的人，在自己从事的领域中做出对社会发展有利的事情。

一个仅有知识的人，不一定是一个成功人士，成功人士还必须具有智慧。

只有潜心培养自己的人，才有可能成功；只有不断完善自己的人，才有可能成为成功人士。

六、获得学习知识的途径

在调查中我们发现，**90%**的学生不知道学习能力是什么，获得知识的途径是什么等问题。

关于知识的作用，很多在校的学生还没有准确的认识，在他们看来知识就是书本上的内容，掌握知识就是考出一个好成绩。因此，导致对学习意义的认识也很肤浅。在学生看来一切学习活动，因此为老师而学，或者为父母而学等等。其实，学校的一切学习活动都是为了每个学生的未来得到更好的发展。一个曾经在学校没有好好学习的学生，毕业后感慨地说："在学校可以学到很多的知识，这些知识如同条条大道。可惜自己没有学到应该学到的知识，现在感觉自己如走独木桥一样，很艰难！"

学校教育不仅可以使学生获得各种思维方法，培养解决问题的能力，而且还可以不断开发每个人的智能。不论我们获得什么，都是以书本上每一个知识点为载体得到训练和发展的。当我们拥有和掌握了一个层面的书本知识，就相当于获得了一个级别的培养水平，我们获得培养的级别越高，我们拥有的知识量也就越多，在面临新的问题时，就能发挥我们自身的主动性和积极性。

青少年进入初中后，语言表达能力有了明显的提高，很多的家长明显地感觉到学生开始善于为自己辩解，这说明学生的思维能力有了明显的提高，在许多需要开发的智力潜能中，语言潜力的开发已经初显成效。然而在中学阶段还有许多的潜力需要继续不断地开发，才能完善人的全面成长。

在学校学到的每一门知识都有助于开发学生的潜力，认真学好每一门文化知识对青少年未来的发展都是非常有意义的。

青少年接受学校教育，在获得身心健康发展的同时获得学习能力和迁移能力。把学到的知识，从熟悉的情景或问题中迁移到不熟悉的情景和问题中，以解决遇到的新问题，这就是知识的作用。

在学校里，每一个认真学习的学生，都可以获得这些有用的知识，并在这些知识的启发下，获得良好的发展。

目前，对学科知识的要求已经由单纯掌握，发展到借用知识培养各种能力的状况。由此对初中生的学习能力有了较高的要求，这个要求体现在以下四个方面：

①必须拥有灵活的应变能力。随着课堂学习的推进，学生基本具有理解能力、数学运算能力、观察生活的能力、探索问题等的能力，这些能力的形成也是思维方法的体现，这些思维方法都具有顺向思维的特点，是一种由前向后的思维方式。但是，仅有这些思维方式是不够的，还需要有由后向前的逆向思维方式，以及其他的一些思维方式，才能进行科学的学习活动。

②必须学会将思维能力和学习能力有机地结合在一起。由于知识的难度在不断增加，学生的学习形式已经由前期的模仿性学习发展成思维学习和创新学习，考试的内容也由单纯的知识考查，拓展到能力考查、技能考查、综合应用能力的考查，题型开放，灵活多变。因此，在学校各学科的学习过程中，培养学生的学习能力和科学的思维方法显得尤为重要。

③必须拥有应用知识的能力。因为任何学习活动都是在应用知识，没有应用是学不好书本知识的，所以学生在学习知识的同时，应该非常注重应用能力的培养。在灵活应用知识的过程中培养灵活、严谨的思维。

④必须学会理解知识的文化内涵。在学科教学的过程中，很多老师在注重知识点传授的同时，也重视进一步对文化内

涵的挖掘。我们知道，每一个细小知识的背后都有前人的奋斗故事，都能体现前人的精神和灵魂，书本上的知识是死板的、有限的，而知识所体现的文化内涵却是无限的。因此，在培养学习能力、思维方法的过程中，注意对文化素养的培养，在学科知识的学习中，领略科学家探索未知领域的奋斗精神，对青少年的成长是非常有意义的。

七、积累自己的成功经验

在研究中我们发现：成功是一种习惯，失败也是一种习惯。

就初中生而言，我们经常看到在学习上不够努力的学生，在自我管理上呈现松懈状态，这是一种习惯。

我们还可以看到，学习成绩好的学生，他们不仅学习认真，在自我管理上也是非常认真仔细，一丝不苟，这也是一种习惯。

在初中学习阶段，青少年通过各学科的学习和平时日常生活的亲身体验，总结自己的成功体会，使获得成功的体验成为一种习惯才是非常重要的。

作为青少年，在学习文化课的过程中，具备科学的学习方法是获得成功体验的关键。没有科学的学习方法，就不会有好的学习成绩，也就不会有成功的感受。青少年的每一次进步就是一次成功的体验。

可以这么说，学习成绩是初中生潜在的精神支柱和自信心的内动力，学习成绩优秀的学生，常常拥有很多成功的经验。

在调查中我们发现：平时成绩在80分以下的学生，欠缺浓厚的学习兴趣，没有明确的理想和目标，这部分学生的学习方法大部分都不适合自己，这是造成学习兴趣低、学习成绩下降的主要原因。

因此，在平时的学习过程中每个学生不仅要掌握知识，更重要的是在不断掌握知识的过程中，学会总结经验，学会在失败中找到进步的方法。……与其说在每一次考试中不断地给自己定位，倒不如说在每一次的考试中评价自己的成功程度，在每一阶段的胜利中找到下一次进步的契机。

在研究中我们发现：初中生崇拜偶像成为时尚，他们羡慕歌星、体坛明星、影视明星等等，他们当中有很多人在服饰、发型、言谈举止等方面不自觉地模仿着这些明星，成为追星族中的一员。从某种角度看，追星体现了一个学生向往成功，憧憬美好未来的积极心态，但是，由于过分注意别人的成功，在虚幻中假想了自己的未来，从而耽误了学业，反倒失去了自己的未来。

对每个人来说，每次小小的进步或是小小的胜利，都可以说是一次成功的体验。其实，在每个年龄段，每个人都获得过不同程度的成功体验。作为初中生，自然也会有自己的成功体验，虽然初中生的成功暂时不如明星们那么辉煌，但是，只要坚持自己的信念，不断地努力，相信总有一天，也可以获得辉煌的业绩，拥有成功的喜悦。

学会品味自己成功的快乐是非常有意义的感受。不要小看自己每一次小小的胜利，它是我们战胜困难的勇气和信心，也是向胜利迈出的又一步。

作为学生，最大的困难就是熟练掌握文化知识，使自己在接受良好教育的过程中，身心得到健康发展。学生在老师的引领下，通过不断丰富的文化知识提高自己的认识，在战胜一个又一个困难的过程中，不断增强自信心，逐渐学会从每一次进步中品味成功的快乐。

作为初中生，怎样才能品味到成功的快乐呢？

①认真对待每一次进步

每一次进步对青少年都是一次有益的体验，比如能顺利地完成一份试卷、找到久思不得其解的解题方案、获得老师的表扬、考试成绩有明显的提高等等，这些看似细小的事情，其实都是获得健康成长的关键性要素。因为这些小小的进步中蕴藏着巨大的积极作用，使学生向往更上一层楼的进步。

由于初中生拥有了一定的认知能力，能够在自己学习、生活的每一次进步中，发现自己的特长，并运用自己的特长展示自己。因此，初中生应该重视自己的进步，在每次进步的体验中获得成长的营养。

②坚持自己的信念，才会有最后的喜悦

任何事情都不会一帆风顺。每一次的进步都可能伴随着无数个失败，只要不停止努力，不放弃对目标的追求，失败就只能是暂时的。学会在失败中汲取教训，在进步中获得智慧和经验才是最重要的。受挫一次，就会成熟一点；失败一次，就会向前迈进一步；理智一些，距离成功就更接近一步。这样的积累越多，获得成功的希望就会越大。

初中生最怕别人说自己不行，自身缺乏必要的自信心，而学会从品味成功的喜悦中增强自信，在不断认识自己的过程中，增长聪明才智，才是最有效的自我教育的途径。

没有奋斗，就没有成功的感受。当你取得了进步，不仅对自己取得的成绩感到喜悦，而且还对自己能坚持长时间努力而感到振奋。每一次进步都能说明，你成功地坚守了信念，并付出自己的努力，体现了战胜自己的勇气，这个过程会使成长中的青少年变得更加聪明，更加坚强。坚持的过程就是一个奋斗、拼搏的过程，否则就不会有进步，就只会站在远远的地方，羡慕别人的成功。

喜悦可以来自多方面，但是成功的喜悦是难忘的体验。因为它来源于自身的努力和不断的追求，特别是经过屡战屡败之后所取得的胜利更会使人对自己充满信心。

作为学生，成功更多地体现在每一次对进步的体验，但是只有不断积累这些进步，才能为将来的成功奠定坚实的基础。

在成就感的积累中，可以感受到自己的成功，许多不起眼的小事都可能成为中学生品味成功的源泉。

八、开发智力潜能

很多家长把学生的学习成绩看得非常重，结果把一个有可能获得优异成绩的学生推到了不愿学习的边缘。

一个人从小学到高中近十二年的学习，不仅仅是掌握知识，更重要的是在掌握知识的同时开发智力潜能。一个受过学校良好教育的学生，不仅是拥有知识的人，更重要的是大脑得到良好开发的人。

正因为如此，学习成绩只能作为一个指标，在成绩面前分析各方面的得失，并为下一次考试的进步提供了可能。全力应对考试，而且用心面对考试的结果。这才是科学的态度。

有些同学会问：我怎么没有感受到学习就是开发智力呢？

我们天天感受到的只是写不完的作业、考不完的卷子、做不完的题……有这种疑惑太正常了，就像有人要问"我今天吃的一碗米饭长在身体的哪个地方了"一样，每一个人都不能否认，背课文时，必须用脑，上课时必须专心，解决一道难题必须心脑合一，上体育课时必须协调肢体共同参与活动……久而久之，大脑的各个区域得到了激活，使大脑越用越灵，这个过程就是一个大脑得到开发的过程。

资料表明：智力的核心包含语言能力和解决问题的能力。语言能力包括语言表达的流畅性、阅读理解能力等。解决问题的能力包括掌握问题的核心、处理问题的心态、做出决策的能力等。美国哈佛大学心理学家认为，智力与人类的生理功能、知识、技能有密切的联系。智力的发展与知识的积累、丰富的经验、创造能力是密切相关的。

一个人智力的发展状况，体现一个人解决问题的能力，以及顺利完成任务的能力。因此，智力的开发与培养是现代学习理论的一个核心问题，也是迫切需要解决的学习心理学的问题。智力对人类的发展是非常重要的，它使思维成为取之不尽，用之不竭的财富。

年龄在13～16岁之间的中学生，正是逻辑推理能力、语言表达能力、综合知识能力等智力活动的最敏感时期，正处在智力需要进一步开发的最佳时期，所以接受学校的正规化教育，不仅可以拥有知识，更重要的是通过学习各学科的知识开发每个人的智能。这主要体现在以下几个方面：

(一) 在重视培养思维方式中开发智力

学生到了初中阶段，对事物的认识角度、态度等随之发生巨大的变化，从而使青少年的智力表现与小学有了全然不同的状态。主要表现在如下几个方面：

1. 思维方式有了明显的变化

青少年具有抽象思维能力和逻辑推理能力，并且这两种思维能力逐渐地占了主导地位。随着年龄的增长，思考问题的方式由形象思维逐步过渡到抽象思维，并具有较强的逻辑推理水平。中学生能够借助形象思维进行非直观的思维判断，但抽象思维能力和逻辑推理能力的发展，还必须借助于具体的、直观的感性认识来实现。所以思维结果呈现单一性、片面性的特点。

2. 思维的独立性有了显著的体现

在小学阶段，儿童的思维活动更多地依赖于家长和老师，思维活动的内容是由家长和老师制定的，活动的过程是被动的，缺乏独立的思维习惯。但是进入初中后，青少年思维习惯发生了变化，已经不再轻信老师、家长或书上的意见，而是主动地、独立地、批判地对待自己面对的一切。

由于思维的独立性正处在形成、完善的过程中，所以，初中生常常产生片面的认识，并且思维活动非常容易受情绪的控制，遇事容易冲动。

由于智力的发展在很大程度上受教育环境的影响，所以，通过学校的学习活动，可以增进青少年对事物的认识，拓宽知识面，增强理解能力，从而促进智力的发展。

（二）在掌握知识中开发智力

智力的开发是以掌握知识、技能为中介的。在学习活动中，学生在老师的指导下，在学会模仿的同时，学会应用知识和技能，学会解决问题，从而获得智力的开发。如在掌握了动物和植物的相关概念后，学生就形成了对生物学上一系列概念与生物知识的认识，不见动植物，却知道它们的模样和生活习性，同时也培养了抽象思维能力；在应用数学知识的过程中，不仅提高了运算能力，同时也发展了逻辑思维能力；在学习图画知识的过程中，不仅提高了视图能力和色彩的分辨能力，同时也提高了欣赏能力等等。在学习的过程中，努力获取知识和技能，对培养并开发智力是非常重要的途径。因此，青少年应该明白，学习的意义不仅在于获取知识，更重要的在于开发人类本身内在的潜力和智能，不能放过任何一个学习的机会。进而对自己提出更高的要求，这具体表现在：

1. 树立较高的目标

提出适合自己能力水平并且具有挑战性的学习目标和学习任务，确信只要经过自己不懈的努力，一定会达到理想的目标。这是因为当理想越高，需要的内在动力就越大，付出的劳动就越多，智力的潜能就越能得到充分发挥，自然就会取得较好的成绩。反之，目标设置过低则不能达到高效开发智力的目的。

2.控制非智力因素的影响

非智力因素问题是相对于智力因素来说的，如学习态度、毅力、自信心、勤奋程度、奋斗的目标及程度等都属于非智力因素。调查发现，非智力因素对智力的发挥起着重要作用，如数学成绩差的同学表现出的是对数学学习没兴趣，不愿付出努力，没有毅力克服学习上的困难，但是这些同学经过调整，只要认真完成每一次作业，遇到不懂的问题及时问老师和同学，不仅成绩有所提高，而且学习心态也有所改变，逐渐变得不再畏惧数学学习。因此，只要加强非智力因素的培养，就会勇敢地面对困难，从而促进智力发展的水平。

3.培养自己的创新意识

拥有创新意识，不仅可以使思维活跃，而且也可以充分开发人的智力潜能。如在数学学习中，尝试用一题多解、一题多证等都是创新意识的表现。创新意识的学习还表现在学习中灵活采用联想、类比、想象等方法，将已有的知识、经验与陌生的东西进行对比，使不熟悉的东西变得熟悉，使旧的知识得到更新，使新的东西能够自由地涌现出来。其实，学生的每一个学习活动都有"创新"的成分。

（三）在良好的成长环境中促进智力的发展

众所周知，处理好家长、老师、同学之间的关系，对形成健康的心理有直接的影响，因此，营造一个良好的成长环境有助于智力的发展。在研究中我们发现，良好的生活环境是中学生早期智力发展的重要保证。在青少年的成长过程中，身心的健康发展有赖于成年人的关心、爱护和鼓励。

拥有健康的心理就会有良好的心态，才能勇敢地面对困难，自觉地调整心理压力，情绪激昂、乐观，从而激发学习兴趣。

九、拥有健康的心理素质

青少年拥有健康的心理，是使自己顺利地接受学校教育、家庭教育的保障。

在研究中我们发现：大约90%的青少年都可以顺利地接受初中教育，虽然，青少年的可塑性极强，但是由于生理上的巨大变化，带来了一系列心理问题，从而直接影响到部分青少年的学习状态和健康成长。

初中学习阶段不仅是青少年成长的关键时期,而且还是心理成熟的关键时期。他们正处在求知欲旺盛、好奇心极强的阶段。

在这个阶段,他们经常因为学习困难,导致行为上的偏差,也常常由于学习成绩的高低而影响心理状态。面对升学压力,培养初中生良好的心理素质,使他们拥有健康的心态,对青少年的健康成长是非常关键的。只有拥有健康的心理,才能激发学习的自觉性,增强学习的自信心,从而形成良好的学习习惯。

美国心理学家通过对一千多名儿童的跟踪调查后发现,成绩优异的人与成绩差的人相比,最明显的差别不是智力的高低,而是心理品质的差异。只有当人的情绪保持在健康的、积极的状态时,才有可能卓有建树。对身心正处于巨变时期的初中生来说,心理影响引发的问题是较为严重的,必须引起足够的重视。那么,在初中学习阶段,如何使青少年拥有健康的心理呢?

首先,了解健康心理的标志。

中学生健康心理的标志有:独立,自觉,勇敢,勤奋,不怕困难,愉快,自信,自制,意志坚定,有责任心等。

其次,应该注意从以下几个方面培养自己:

①面对现实,勇敢地接受现实

用客观的态度真实地反映现实世界，能勇敢地接受现实，如接受自己的错误、失败，承认自己的不足等。

②建立情绪上的安全感

遇事不愤怒、不焦虑、不懦弱、不悲伤，能平静地对待冲突和矛盾，有爱心等。

③学会自我控制

有控制自己行为和调节自我情绪的能力，能宽容、体谅他人。有正确的与他人交往的态度和有效的沟通技巧，不苛求人。

能协调认知、情感、意志三者之间的关系，能协调好行为、手段与目标之间的关系，能进行有效的自我调整。

最后，乐于将自己投入到学习之中，能在学习中充分发挥个人的潜能，能从各项活动中体会个人的价值，拥有积极乐观的人生态度。

心理健康的人不仅有协调个体的能力，而且有协调个体与外部相互适应的能力。能在建立起和谐人际关系的同时，认真地完成个人的学习任务，有追求更高层次目标的愿望。

第二节　学会学习

一、初中阶段学习的主要特点

在研究中我们发现，学生在初中三年的学习期间，不仅可以掌握许多知识，更重要的是，在学习的过程中可以获得学习能力，培养良好的学习习惯，为将来进一步的学习打下坚实的基础。进入初中后，学习活动完全不同于小学阶段的学习，其主要特点表现在以下四个方面：

①具有基本的思维能力。能进行简单的逻辑推理，能用自己的语言表述分析过程，大部分学生基本掌握了学习的要领，对一般的学习问题能独立解决。对事物的判断能力有了明显的提高，具备一定的学习能力，不再惧怕学习。

②具有积极的学习心理。学习心理由最初的不适应发展到主动投入，表现出积极向上的学习态度，自信心有明显的增强，在老师的引导下，能积极投入到各项学习活动中。这

个阶段的学习，不仅有智力的投入，也有感情、情绪的投入。这个时期表现为情商与智商共同参与的学习活动。

③愿意接受新的挑战。能够接受连续的新课程学习，独立思考难题，在这个基础上，能够借用学科知识进一步提升思维能力，培养概括能力、综合运用知识的能力。

④需要注意培养灵活的应变能力。由于知识面不断拓展，相互之间的联系更加紧密，所以需要在拓展思维方式的过程中，增强应变能力，将知识学"活"，用"活"。

二、掌握学习要领

青少年正处在学习的最佳时机，如何学习，如何提高自己的学习能力，是青少年必须面对的问题。

所以，掌握学习要领，是取得良好的学习成绩的方法。主要体现在以下方面：

①端正学习态度，勤奋刻苦学习

青少年要想取得好的学习成绩，就必须严格要求自己，端正学习态度，树立远大的理想和奋斗目标。态度决定一切，态度是取得成功的保证。

为了学到知识，必须在"勤"上有所体现。青少年的勤奋表现在完成学习任务、严格按照学习计划进行学习等。

学习的态度端正了，自然就会勤奋，人勤奋了，自然就会有收获。

②透彻理解，掌握学习的本质

理解分为表层性的了解和透彻性的理解两种。有很多同学错误地把"表层了解"误认为就是"透彻理解"，常出现学习时对概念的模糊认识、对习题的糊涂处理等问题。因此，在学习的过程中，应该注意不能将知识仅仅停留在死记硬背的表层了解上，而应该深刻地理解知识的本质，探求新旧知识的相互联系，不断地将新学到的知识纳入到原有的知识体系中去，并在更高层次上实现对整个知识的系统化，从而在自己的头脑中建立起有效的、坚固的、能应变的知识结构，并能经常主动地更新和深化已有的知识，以达到灵活运用知识的结果。

另外，应该在头脑中留下一个"动态"的知识体系，即不仅能主动地巩固已有的知识，而且还能迅速地理解和吸收新知识，并能正确判断新事物，解决新问题。

③巩固基础，重视复习

任何一个新知识和新技能都是以旧知识、旧技能为基础的。学习新知识、掌握新技能必须在已巩固的基础知识的前提下才能进行。没有良好的基础，新的东西就无法在大脑中找到连接点，新旧知识不能在大脑中建立起联系，也就不能达到知识的积累。因此，要学好新知识、掌握新技能，就必须巩固已有知识，重视复习的过程，即重视对新旧知识的整理。只有拥有扎实的基础，才能学得既活又专，既深又广。

④学以致用，巩固深化

学而不用等于没学。通过学习，使我们获取知识；通过应用，使我们掌握知识，并发展新技能。学生在老师的引导、讲解下明白知识的来龙去脉，对所学内容获得比较完整的认识，再通过大量地做练习等方式，巩固、检验知识掌握的准确程度和灵活运用程度。做练习的过程，就是应用的过程。在应用的过程中，不仅巩固和深化了所学到的知识，而且又将知识转化成新的知识和新的技能。

⑤及时纠正，及时积累

正确的结论是从大量的错误和失败中总结出来的。没有大量的错误和失败做基础，也就没有反思的机会，自然也就没有最终正确的结论。任何一个科学结论都要经历无数次成功与失败。在成功中积累经验，在失败中积累教训。面对失败，科学的态度是找出失败的原因，并在下一次的尝试中，避免此类"原因"出现，从而将失败变为成功。这个过程就是一个积累的过程，学习的过程就是一个发现的旅程。

在研究中我们发现，有很多同学在学习时，忽略了及时纠正错题以及积累经验、教训这个重要的学习环节，对做过的习题很少进行分析、总结，这是一个不好的学习习惯。它不仅使我们学到的东西概念模糊，而且也是一种严重的学习浪费现象。

在学习活动中，要特别注意从做错的题目中吸取教训，分析产生错误的原因，及时纠正错误，牢记出错的原因，避免下一次犯同类错误。

⑥注重质量，注重能力

有些同学只注重学习的表面行为，如背诵课文、抄写词语、写作业、听课等，认为这就是学习。其实不然，背课文、写作业、听课只是学习活动中的一小部分，对知识的理解和分析、阅读参考书、查找资料、整理笔记、检测评定等才是主要部分。用认真的态度对待每一项学习任务，用科学的方法研究每一项学习内容，不断地总结和积累学习活动中的经验和教训，才会提高学习质量。

另外，在整个学习活动中，还应该注意各种能力的培养。人的很多行为能力和思维能力是在学校的各种学习活动中得到培养和开发，并在社会实践活动中得到实践和发展，最后汇合成一个人的综合能力，成为社会实践的动力和资源。

三、拥有良好的学习方法

在研究中我们发现：当青少年完成了从儿童心理向青少年心理过渡后，学习心理也会随之发生巨变，在这个变化的过程中，会存在许多的困难，归纳起来主要有以下四个方面：

第一，已经拥有的知识远远不能满足心理发展的需要。

第二，对文化的理解有很大的局限性，对知识的学习和接受能力有明显困难。

第三，自学能力不够完备。学生的教辅读物很多，但却读不懂、读不透，从而减弱了学生学习的积极性。

第四，有主动学习的愿望，但没有科学的、适合自己的学习方法。

学习文化课的过程是一个克服惰性、勇于探索、不断积累成功经验、不断纠正错误的过程。理论上讲，每个学生都可以成为成功的学习者。学生的初衷都是想学好文化课，取得良好的学习成绩，但是由于学习方法不到位，不能主动积累成功的体验，没有进一步发扬勇于探索的精神，而是只注意别人的成功，在放大了他人成绩的同时也放大自己的失败，从而挫伤了自己学习的积极性，渐渐地使自己成为真正的失败者。

青少年都希望拥有一个好成绩，都希望自己是一名好学生。成绩好的学生往往是会学习的学生。在多年的教学观察中我们发现，成绩优秀的学生在学习上有许多共同的特点：

①目的明确，学习勤奋刻苦

这些学生有很强的求知欲和浓厚的学习兴趣，富有进取精神和竞争意识，不甘落后，有较强的荣誉感和自尊心。他们能经常反省自己，经常不断地鞭策自己赶上或超过比自己好的同学。他们对自己提出严格的要求，在这些要求的监督下促使他们自觉地克服学习中的困难，抵御各种诱惑或干扰，不断地总结学习的成功经验和失败的教训，能很快地形成具有自己特色的学习方法。

②有"先预习后听课"的好习惯

喜欢带着疑惑、问题进入课堂。善于将自学和老师所讲两者进行比较性的学习，从而发现自己的不足。做到课前掌握部分知识，课堂上认真听老师讲课，进一步使自己掌握全部知识。这样减轻了听课压力，掌握每一堂课学习的主动权。

③有科学的听课方式

正确的听课方式是由听课、默记、应用、小结、复习等几个环节组成。不仅如此，在课堂上能做到既听老师讲解思路，又听老师如何分析问题和解决问题的方法。善于将自己的思路、老师的思路相比较，去掉错误，保留正确；去掉繁琐，保留简洁等。善于将模仿性学习、思辨性学习、研究性学习、归纳性学习等融入到一个学习活动中。

④多器官结合在一起学习

能做到将记笔记和巧妙地使用课本相结合，具有良好的眼到、口到、手到、心到、脑到的"五到"学习习惯。正确处理"听、说、读、写、练"之间的相互关系。坚持以听为主，在听明白、看清楚的基础上，记下重点和有条理的东西，通过说一说、练一练、做一做、议一议等学习活动，巩固所学的知识。对老师讲课的角度、立意，以及一些相关知识的补充能特别注意，养成做笔记、整理笔记的好习惯。

⑤会读书，会钻研

善于把泛读与精读、跳读与细读、课内学习与课外学习有机地结合起来，养成好读书、读好书的学习习惯。在读书时，能通过做读书笔记不断充实自己的理解，然后不断地提炼关键点。换句话说，会将书由"薄"读到"厚"，再由"厚"读到"薄"。

⑥有克服遗忘的方法，能及时复习

遗忘是学习的天敌。根据"刚学的东西很容易就忘掉，但是记住的东西就不会再忘掉"这个规律，科学地分配复习时间，把"温故而知新"和"知新而温故"有机地结合起来，及时复习与经常复习结合起来，养成先复习后作业、先思考后实践的学习习惯。

⑦及时积累，及时总结

经常主动地进行自我分析和自我评估，把总结性学习和教训性学习与积极进取有机地结合起来，经常矫正认识上的偏差或不良的学习习惯。

⑧会科学地用脑

注意大脑的休息，做到动静交替、劳逸结合，把学习、休息、锻炼有机地结合在一起。

相信自己吧，你会天天进步。

四、拥有良好的学习习惯

在开家长会时，总有家长问：为什么我的孩子学不好？其实原因只有一个：是你的孩子上课没有用心听老师讲课。

问题就这么简单！因为老师上课前不仅必须认真备课，而且对学生可能会出现的疑惑、不易理解的地方，都是老师备课时必须考虑的问题。所以老师讲课不仅讲清楚书上的内容，而且还通过学生的眼神、表情、听课的状态，随时做出适当的调整，使自己的教学内容更便于学生接受。因此，不认真听讲的学生，自然就不会有较好的学习成绩。

良好的学习习惯将有助于找到科学的学习方法，从而提高自己的学习质量。

在研究中我们发现，在刚上初中时，98%的学生都渴望自己学习成绩优异。但是，在不知不觉的成长过程中，由于受到心理、行为、情绪、认识等干扰，有部分学生渐渐地出现一些阻碍自己发展的思想认识，导致这些同学不仅没有好的学习成绩，而且还使自己做人的道德品质下滑。通常情况下，不能顺利地进行课堂学习的学生，往往也是长大之后说后悔的人。所以，在学习过程中，拥有良好的学习习惯是非常必要的。中学阶段良好的学习习惯体现在一些具体的细节中：

①常常能有条理地回答老师的问题。

②制订学习计划，即使是寒、暑假期间，或考试阶段也按计划主动学习，补充新知识。

③阅读相关的辅导书籍时，能划出重点或做符号标记。

④背课文时，常常先朗读几遍之后才开始试背，然后再打开书朗读几遍，再试背，也就是朗读和试背交替进行。

⑤作业中出现的难题总是尽力想办法解答，不到万不得已不问老师和同学。

⑥常常把一些比较好的文章（包括课文）反复朗读。

⑦学习时，常常把学习内容分解为若干个要点，进行强化记忆。

⑧对于比较难学或比较重要的章节，总是做到课前预习，课后复习。

⑨复习时，能尽力想象老师所讲解的某些内容，能把老师所讲的内容变成形象在头脑中显现出来。

⑩虽然在学习的过程中以理解为重，不宜死记硬背，但是对一些关键的字词句、重点、公式等仍然能主动地采用死记硬背的方式进行记忆。

⑪写文章或回答问题时，常常能主动地列出大纲、要点，在头脑中组织所想到的内容后，再动笔写出或说出自己的思想。

⑫阅读一篇文章时，能主动研究或抓住各段的段落大意和全篇中心思想。

⑬当天的课程当天复习，并认真完成当天的学习任务。

⑭由于平时认真复习，考试前不感到紧张，有时反而有时间玩一会儿，让大脑有休息的时间。

⑮喜欢独立学习，独立思考，遇到问题喜欢与同学一起讨论。

⑯听老师讲解新的知识点时，常常还能联想起与此相关的其他一些知识或事例。

⑰在学习物理和化学时，不仅重视书上所说的各种实验，而且还能尽力想象实验过程中的实际情况。

⑱上课时，有时老师要讲的内容还未讲完，就知道老师要说什么或可能得出的结论。

⑲学习时能主动并经常把新学到的内容和已有的知识、经验联系在一起。

⑳总是努力按时完成老师布置的作业。

㉑能够把学习材料缩写成提纲，并能根据提纲进行发挥并写出详细的内容。

㉒上课时能专心听讲，能紧跟老师的讲解思路，积极地思考老师的讲解内容。

㉓学习物理、化学、生物、地理等学科时，不单用脑思考，在有条件的情况下，有自己动手试做的兴趣。

㉔对一些公式、定理、定义、结论等不仅理解，会背，而且喜欢弄清楚他们是怎么得出的。

㉕在回答问题时，喜欢用自己的理解和自己的话回答，很少死记硬背书上的语句。

㉖学习的书桌总是摆放得整整齐齐，各种学习用品总是放在固定的位置。

㉗喜欢把学到的东西用于解决或解释所遇到的问题。

㉘听课或听报告时，能把老师所讲的内容简明扼要、系统地记录下来。

㉙考试时，总是先把考题看一遍，然后有选择、有先后地答好试题。

㉚在准备考试时，常常是先自己考自己，检查自己是否做好了充分的考前准备工作。

㉛对发下来的考卷或作业，如果有错，不仅弄清楚为什么错，并能及时纠正。

㉜复习时，喜欢把详细的学习内容变成简明扼要的提纲，以便记忆。

㉝重视学习经验的积累。

㉞喜欢学习，喜欢思考。

㉟能主动拓展自己的知识面，扩大眼界。

第二章
DIERZHANG

家庭教育
JIATING JIAOYU

> > >

第一节　必不可少的家庭教育

一、家庭的文化背景决定了孩子的成长

青少年在日常生活中所表现出的行为，都来自于家庭内部成员的影响。

一个和谐的家庭，各成员之间有着良好的沟通，成员之间能相互提供感情上的支持，能团结一致对付困难。对内有共同的家庭认同，对外有适当的家庭界限。一个和谐的家庭能为每个成员提供安全、舒适的生活环境，有适当的家规，也有家人共同生活的重心和方向。这样的家庭不仅使家庭中的每个成员拥有健康的心理，而且这种和谐的环境还可以使青少年身心健康，促进青少年的智力发展。

如果家庭不和睦，必然会影响孩子的身心健康。不同的家庭文化背景成就不同的家庭管理方式。

在调查中我们发现，家庭类型不同，家庭管理出现的教

育困难也不同，导致孩子成长的状况也不同。通常有以下几种情况：

①放手型

家长由于工作很忙没有时间教育和管理自己的孩子，因此平时很少过问孩子的事情，抽不出时间与孩子聊聊，孩子的发展是自然型的。在调查中我们发现，在这样的家庭中，如果孩子是女生，学习成绩大多数在50～70分之间；如果是男生，学习成绩大多数在30～60分之间，而且这些学生大都存在心理障碍，在学校难于接受老师的教育，有部分学生不能顺利地完成初中教育。

②粗暴型

家庭中，如果有一个脾气粗暴的家长，往往害得一家人无法安宁，这种状态必然也会造成学生情绪的不稳定，使学生不能冷静地处理或思考自己所面临的问题，更严重的是影响到学生的智力发展。在这样的家庭里成长的学生，心理和性格都受到严重扭曲。在调查中我们发现，这样的家庭出来的学生或胆小，或有严重的自卑心理，或性情乖戾。粗暴的家长会使一个脾气不太好的男生走向犯罪的道路。粗鲁的父亲会使一个有出息的学生变得沉默寡言。

③感情不和谐型

父母感情不和谐常表现在家庭经常闹矛盾。家庭的紧张气氛，使得孩子战战兢兢、胆小怕事，情绪很不稳定，长大后，心理上没有安全感，这样的家庭会使学生对自己、亲人失去信任，对人缺乏信任度。这样的孩子会过早地对异性感兴趣，不能顺利地接受学校教育，心情浮躁，厌烦学习。在调查中我们发现，离家出走中50%的学生、早恋中70%的学生、厌学中80%的学生中都与不和谐的家庭有直接的关系。

④情与理、批评与表扬、辅助与替代的不协调型

情与理的不协调表现在只重视道理的讲解而忽视感情的交流，或只重视情感交流而忽视讲道理。当家庭教育出现了问题时，家庭各成员之间不能采用宽容、忍让、理解的态度解决问题，而是简单地靠说理来追究原因与责任，或依靠体罚来解决问题，忽视相互理解的情感交流。因此使学生产生了冷漠、残忍、自私等不良的心理缺陷。这是当代家庭最严重的管理弊病，致使我们的大部分学生严重缺乏责任心、宽容心。

批评、表扬的不协调表现在强调缺点、忽视优点，一味地批评而缺少及时的表扬，或一味地表扬、袒护，而忽视及时的批评和帮助。大部分人都有这种感受，当一个人的心情不好或情绪恶劣时，想到的、说到的、看到的几乎都是对方的缺点、坏处，因而常常忽视了对方的优点和好处。如果相互之间的关系恶劣，好的感觉就少。另外，由于感情好、爱得深，又会很难看到对方的缺点，很少批评对方的不足。由于家庭教育中的随意性，常常使我们的家长把握不住自己的

情绪，造成很多学生分不清好与坏、爱与恨，导致孩子的情感发生扭曲、转移，在寻找自己的"知音"时造成错误的选择，使自己误入歧途，从而出现了孩子背叛自己、背叛家长、背叛社会的危险现象。

辅助与替代的不协调表现在应当孩子自己做的，家长包办、替代，缺少家长辅助、帮助的功效。而应该家长做的，却让孩子独立完成，使事情不能达成协调。这样的不和谐现象，会使孩子缺少自主性，做事没有主见，优柔寡断。

在调查中我们发现，部分学生心理年龄、生理年龄、智力年龄出现严重的不对等，一个生理年龄十五岁的学生玩七八岁儿童的玩具会津津有味，一个十六岁的学生对事物的理解水平仅有初一学生的智力水平，用家长的话说就是"这孩子总也长不大"。学生的成熟，与每一个家庭的教育理念、管理方式有直接的关系。学校是一个学生学习文化课的地方，在学校学生可以获得知识，获得对社会的体验，但是一个家庭是一个人生活、成长的"根"，是一个人获得发展的土壤。因此，一个人的成长状况与自己父母的素质、亲情的融洽程度有直接的关系。家庭是每个青少年心灵成长的摇篮，也是日常生活的基础，良好的家庭氛围不仅可以给孩子带来健康的成长环境，而且还可以医治在成长过程中产生的不良的心理疾病。

我们都知道"家长是孩子的第一任老师"，"孩子是父母的身影"等等说法，因此在成人与孩子之间悄然建立起一种上行下效的关系是必要的，也是必不可少的。

二、父母这个角色难当，父母的事情难做

我们有很多的家长仅从单一的血缘关系理解自己在家庭中的地位，因此在教育孩子的问题上常常出现困难。

随着孩子年龄的增长，父母的角色在变，孩子对父母的要求也随之变化，由最初对父母单一的要求，逐步发展到多角度、多层面的要求，主要表现在以下几个方面：

（一）在孩子的眼中，父母给予自己的物质和精神帮助，呈现出阶梯性的变化

经过长期的研究，我们发现在孩子的眼中，父母角色的变化具有明显的阶段性。大约有85%的学生随着年龄的增长，对父母的认识、情感、态度等，都会有不同的改变。

0～3岁，父母就是给吃喝的人，父母就是爸爸，妈妈。

4～6岁，父母就是陪他们玩、吃、睡觉的人，父母变成了手臂，姐姐或小朋友。

7～12岁，受到别人欺负的时候，父母就是替他们出气的人，父母变成了"替罪羊"，替他们承受一切辛苦、麻烦、困难，这时父母的地位开始下降，最明显的表现是低于老师的地位。

13~16岁，父母只要能毫不犹豫地掏钱，孩子就会表现出顺从父母，否则他（她）就会做他（她）想做的事情。对待父母的态度，就如同对待同伴、同学，甚至有时还远不如同学。父母的地位再次下降，表现出不如他们同学、朋友的地位。

17~20岁，对父母的感情远不如异性朋友。

很多家长由于不知道自己在孩子眼中角色的变化，依旧习惯于采用一成不变的教育方式与自己的孩子进行交流，不考虑自己所处年龄与孩子年龄的差距。因此，出现了严重的家庭教育的困境。

（二）了解孩子，使家庭教育不再面临困境

一般来讲，孩子在小学阶段，家长都能品味到孩子健康成长的快乐。大约从学生进入初中开始，做家长的都能感受到家庭教育的辛苦。对一个家庭来说，这种家庭教育的艰难感是一种正常的现象，这是因为一个人的成长过程是复杂的、艰辛的。通过大量的资料我们发现：

孩子在不同的年龄段，主要的表现特点也有很大的不同，如在婴幼儿时期，爸爸妈妈的话是最正确的，到了小学，老师的话是最正确的，到了初中他们自己的心愿是最正确的……

背叛是每个人都有的行为。这种背叛常常表现为反向行为。通常情况下，一个人最先"背叛"自己的父母，最初的

"背叛"常常发生在小学。然后"背叛"老师，常发生在初中。接着开始"背叛"自己的心，随后"背叛"朋友，再随后开始"背叛"自己生活和学习的环境。这种背叛行为一直持续到25岁以后，直到自己重新在社会生活中找到"自我"。

当我们了解了这个成长的过程，也就了解了自己孩子的成长特点。基于此，家长要重新认识自己，用科学的方法教育自己的孩子，用艺术的手法引导孩子的"背叛"，使他们及时回归到正确的道路上。只有随着孩子不同年龄段的成长特点，采用不同的家庭教育方法，才能形成有效的家庭教育。家长只有及时补充自己的知识，才能提醒孩子应该注意的问题，才能真正帮助孩子避免出现不必要的错误。

只有与孩子一起长大，才能当好父母的角色，才能使父母的事情不至于难做。

三、家庭教育的智慧使学生获得自信

在研究中我们发现，孩子已经长大了，家长的思想观念仍停留在原地不动，家长的思想状态已经远远跟不上学生的思想认识了。家长说的话不是学生想听的，家长给予的帮助不是学生渴望得到的，学生与家长没有在一条起跑线上前进。

家庭教育不仅应该使自己的孩子学会做人，还应该使他们能够勇敢地面对自己、面对社会。家庭教育的智慧就是使

学生获得自信。

家庭教育的智慧来自于父母、长辈，善于思考的父母会给家庭带来智慧。一个理性的父亲会使男孩显得沉稳，一个温柔的母亲会使女孩显得大方。一个温馨的家庭会使孩子更聪慧。家庭是孩子成长的乐园，父母、长辈是引领孩子健康成长的导师。

然而，我们的家长常常只关注如何提高孩子的学习成绩，而忽略了在家庭教育中如何使学生获得身心的健康发展，忽视了树立孩子自信心的教育，更忽视了孩子对成功体验的教育。经常采用批评的方式，命令的口吻面对孩子成长中出现的问题，使他们常处在失败之中，给他们的心理笼罩上自卑的阴影。

树立孩子的自信心，必须先解决孩子因学习困难带来的心理干扰。只有帮助孩子找到真正适合自己的学习方法，才能使孩子体验到学习中的快乐，才能培养孩子的奋斗精神。

在研究中我们发现，学习成绩的高低，反映了学生学习能力的强弱。提高学生的学习能力，必须先提高学生的自我管理能力、自我教育能力。家庭教育就是在配合学校教育、学生的自我教育的同时，结合学生日常生活、学习、成长中出现的不利因素，进行家庭范围内的教育，从而使学生健康成长。

在不同的成长阶段里，培养学生敢于体验成功与失败的勇气，不仅仅依靠学校老师，还要依靠学生自己和家庭中的每一个成员。在不断积累的各种情感、情绪、经历、体验的过程中，丰富青少年的知识和素养，只有这样，家庭教育才能有效地帮助每一个孩子健康快乐的成长。

四、走出家庭教育的几个误区

曾看到一对夫妇在学校操场抱头痛哭，因为他们的孩子到初三毕业时，已完全不听他们的话，成为了一个无法管理的孩子，他们"失去"了自己的孩子。这是家庭教育的失败。

良好的家庭教育，不仅可以促进学生身心健康的发展，而且还可以与学校共同合作完成培养青少年的教育任务。

家庭教育现已成为中国教育的一个主要话题。很多家长对自己的孩子存有很高的期望，不仅细心管理学生的日常生活，而且积极、主动地参与到学生日常的学习活动中，由父母角色渐渐地转换到孩子的老师、朋友、同学、同龄人等多种角色，与孩子共同学习、生活、奋斗。

据调查，大约有80%的家庭教育存在很多不和谐的现象，使家庭教育出现了难以实施的问题，这不仅影响了学生顺利地接受家庭教育，而且也影响了学生接受学校教育和学生的自我教育，导致学生不能健康成长。现在大部分学生是独生子女，受到家庭成员的过分溺爱，更增加了家庭教育的难度。

不可否认的是，家庭教育误区使家庭教育面对困境。

在研究中我们发现，青少年家庭教育中出现的误区，主要表现在以下几个方面：

①随意教育性太大，计划教育太差

在家庭教育中，有些家长认为自己是一家之主，粗话、脏话脱口而出，从而失去了家庭教育的力度。

还有些家长把孩子当成"小宠物"，致使青少年始终处于长不大的状态中。在这些家庭中经常出现情感教育与理想教育的冲突，一方面希望自己的孩子拿到好成绩，一方面又怕孩子受苦。另外，有一部分家长常从自己的感觉出发，随意报校外班给学生补课，不能针对自己孩子的具体情况进行科学的安排，这些都是我们家庭教育滞后的表现。

②在家庭教育中成人化教育过多，忽视了青少年自身的特点

很多家长担心学生的学习成绩远远高于对学生本人的关心，忽视了青少年自身成长的特点，出现了家庭教育难的局面。家长首先应该了解青少年的成长心理，有针对性地教育自己的孩子，而不是以成人的角度说成人的道理。教育未成年人，不要认为接受一次批评就能帮助孩子改掉毛病，更不要错误地认为有些道理只要讲一次，孩子就能永远记住等。

③家庭教育中教育观念的不一致

独生子女的教育是一个家庭的大问题，经常出现几代人

同时参与对一个孩子的教育局面。由于每个人的经历、生活背景、文化素养的不同，造成父母与祖辈、祖辈之间对孩子教育观念的不一致，出现了"你打我拦，你说我护，你批评我表扬"等局面。学生不知谁对谁错，听谁的不听谁的，最后导致"拿来我用"的方法：谁对我有利，我就用谁的道理听谁的话。

家庭教育出现的混乱局面使学生变得更"聪明"，使家庭教育更困难。和谐的家庭教育首先体现在教育观念的一致，而后是教育的科学性和合理性。

④忽视心理疏导

有些家长分不清楚什么是心理因素，什么是道德因素，特别是对初中生出现的短暂的心理波动尤为担忧，不能正确疏导，导致把心理困惑的小问题放大，而把道德品质的大问题缩小。在青少年的成长过程中，心理问题常常伴随情绪变化和与之相适应的短期行为。由于这个阶段的学生还没有形成人生观、价值观，因此，作为初中生的家长更应该耐心细致地做好学生的心理疏导工作，使他们对事物渐渐产生正确的、科学的、辩证的认识观。

⑤轻信孩子，误导孩子的成长

孩子说假话是一个较为普遍的现象，但是有一部分家长就是不愿意承认自己的孩子说过假话，在一些家长的心目中，孩子说假话是一件很耻辱的事情。其实孩子说假话，从一个方面表明孩子正在渐渐成熟，逐渐地拥有成人意识。青少年说假话是一种正常的现象。在美国对成人进行的一项调查显示：成人几乎每一分钟说五句假话。面对孩子的假话，关键是家长如何对待，不能轻信孩子的每一句话！如何教会孩子识别假话的利弊，如何教会孩子在退一步的过程中，取得更有利的进步。千万注意：不能轻信孩子的话！否则会给孩子带来无法弥补的损失。

五、父母的智慧是孩子心中的一盏长明灯

大部分人都会有这样的感受，孩子小的时候，特别依恋父母，只要父母在身边，心里就非常踏实，不论干什么事都能静下心来。随着孩子年龄的增长，对父母的依恋之情会随之减弱。

在调查中我们发现有行为举止问题的学生都是先从不尊重父母、不听父母的话开始。在以后的生活里，这些学生的自卑多于自信，烦恼多于快乐，失败多于成功。

而那些和父母有良好关系的学生，都能健康快乐的成长，而且这些学生多数会成为有作为的人。

为什么同一个年龄段的学生，因为对待父母的态度不同，却有两种不同的命运呢？因为父母的经验是真金，父母的智慧是孩子终生受用不完的宝贵财富，具有"宝莲灯"的力量。

家长要用自己的智慧为孩子燃起一盏长明灯，引领自己的孩子不断地走向成功。

在学习和生活中，每个人都会遇到许许多多意想不到的事。在这个大千世界里，只有父母能将自己的经验、教训、感悟到的人生真谛毫无保留地传授给自己的孩子。这些真谛就如同一盏不灭的明灯，照亮孩子前进的道路。

在日常教育教学的工作中，我们经常能看到自强不息的父母，用自己的经历鼓励孩子，用自己的体验引导孩子，用自己的关爱严厉地批评孩子。

人的成长是一个非常艰辛和复杂的过程，时时刻刻都有变好或变坏的可能。批评教育就是将"坏"变"好"。青少年在父母的帮助教育下，在提高认识后，变"不良"为"优秀"。

教会孩子"倾听"，是家庭教育的智慧所在。一个学会倾听的孩子，就是一个聪慧的孩子。

随着孩子年龄的不断增长，他们的认识能力、处理问题的能力都在不断地增强。在研究中我们发现，大约有90%的初中生有能力主动地接受对自己"有利"的信息。虽然这些信息有很强的片面性，但是，在孩子后期的发展中会逐步得到纠正。因此，家长使自己的孩子能够善于倾听他人说话，才能避免孩子自以为是，才能使孩子与他人和谐相处。学会听别人说话是一种非常良好的素质。

六、好孩子是"帮"出来的

很多家长无法理解青少年的巨大变化。

在观察中发现：家庭教育难的主要原因是大部分家长仍采用教育小学生的方法教育初二或初三的学生，家庭教育方法滞后。学生由儿童向青少年转变的速度太快、太迅猛，家长还没有反应过来，还没有来得及做好心理准备，青少年的种种问题就扑面而来，常常使家长措手不及。

如何教育自己上初中的孩子？下面介绍一些家长的方法和技巧：

①家长对孩子有较高的要求

对孩子的要求不仅是每次考试应该取得好的成绩，而且还应该在其他方面也做得比较好，如礼貌待人、诚实、多才多艺、举止大方等。

②家长对孩子很早就开始理想教育

给孩子勾画宏伟蓝图。孩子还很小时，他们就开始告诉孩子将来上某某大学，到某某国家留学，做某某一样的人等等。虽然这些要求有时压得孩子喘不出气，但是这些孩子在这种压力的鼓舞下，变得个个有出息。

③家长的关心非常细腻

不仅关心孩子的学习成绩，而且还关心孩子的其他问题，为他们分忧解难，如脸上的小痘痘，与同学相处的融洽程度，是否受老师批评或表扬等，孩子脸上有喜悦或愁容时，他们最先察觉。优秀的家长应经常能从孩子的脸上发现一些微妙的变化。

④家长主动为孩子的学习奔忙，并且从无怨言

只要听到对孩子成长有益的东西，就毫不犹豫地想办法给孩子弄到。非常关注好书或好题、好老师，或能帮助孩子拓展知识领域的第二课堂及活动等。不惜钱财，为孩子的教育积极投入。能经常主动地给孩子买书，不抱怨花钱，也不抱怨自己的辛苦。同时又用合适的方法使孩子明白，父母为他们所做的一切是很不容易的事情。

⑤做母亲的总能烧一手好菜，做父亲的总能说出一些让人惊讶、佩服的话

从厨房飘来的香味使孩子感到家庭的温暖。与父亲聊天的时候，孩子感到父亲懂得很多，非常了不起，这样的家长总能赢得孩子的心。这些家长说话不急不躁，声音平和，不看无聊的闲杂书籍，不看影响孩子心灵的书籍，不说粗鲁的话，不做粗鲁的事。

⑥家长与自己的孩子保持着朋友与师长的关系

随着孩子年龄的增长，家长开始由单纯的家长角色转变为朋友与师长的关系，能及时帮助学生调节独立意识，能主动帮助学生减轻因学习产生的压力。经常耐心地听孩子述说心里话，并帮孩子出一点小主意，或与孩子一起玩耍，很少

因一点小事唠叨，常常表现出宽容大度。

面对考试失败，家长不是打骂孩子，而是帮助孩子找出失败的原因，帮助孩子重新树立学习的自信心。

成功的家庭教育，使孩子拥有健康成长的环境。在这样父母的帮助下，孩子怎能不优秀呢?

当然，在研究中我们也发现，学习成绩差的青少年存在的主要问题是习惯不好、毛病太多，更关键的是缺乏科学的家庭教育。

"差"是受到了不良习惯的影响，不良习惯阻碍了这些学生身心两个方面的健康发展，使他们的学习成绩不断地走下坡路。

青少年的可塑性极强，在初中阶段没有差学生的概念，更多的学生是由于没有成功的体验，对自己缺乏必要的自信，以致不能付出更多的努力去实现自己的理想。

父母是伴随孩子成长的老师。家庭环境中的文化背景、思维习惯、处事态度等都会给孩子的心灵留下深深的烙印。我们可以在一个女孩子的身上看到她母亲的身影，在一个男孩子的身上看到他父亲的身影。人们常说：孩子就是父母的身影。

一个缺乏自信心的学生背后，一定有一个不和谐的家庭教育。主要表现在以下几个方面：

①轻视老师对孩子的批评

每当遇到老师批评自己的孩子时，这些家长往往会不由自主地说："自己小时候也就是这个样子，自己也挺不错。因此觉得老师小题大做，有时会觉得老师多事。这些家长当着老师的面，表示一定会严加管理自己的孩子，可是出了老师的办公室，立刻安慰孩子，不痛不痒地批评两句，结束了请家长的场面。

这种家庭教育的结果：使学生渐渐地失去老师的管理，随后渐渐失去家长的管理。

②轻信孩子

每当遇到老师批评孩子时，有些家长的第一反应就是：我用自己的人格保证，我的孩子绝对不会这样！

这种家庭教育的结果：不仅使学生失去了认识错误的机会，而且失去了家长与老师共同配合教育学生的机会，使学生敌视老师，以致无视老师的管理。

③面对自己的孩子无可奈何

有些家长了解老师的苦心，也知道自己的孩子在成长过程中，需要得到更多的帮助。但面对孩子的困难又不知道应该做些什么，总认为自己什么也不会，什么也不懂，老师说什么就是什么，面对孩子在成长中出现的问题表现出了无可奈何。

这样的家庭教育的结果：经常是老师说老师的，孩子仍然还是老样子，看不到学生的良好转变。

在家庭教育中，家长既不能过于自信，也不能过于自卑，与孩子一起学习，一起成长。请每位家长相信：你的孩子是最优秀的，我们的一切付出都是有意义的。

七、引领孩子获得成功的体验

在孩子成长过程中，需要父母讲许多的故事。一个故事一种精神，一种精神一股力量，一股力量就使孩子前进几大步！

（一）苹果的故事

某女生上了高中后，深感学习压力越来越大，但她是一个很要强的学生，不轻易认输，因此她始终坚持。可是各种各样的困难仍然干扰她的意志，因此，她选择了心理暗示的方法帮助自己树立信心。她将自己最爱吃的苹果放在眼前，时时刻刻提醒自己坚守理想。最后，这个女生考上了理想的大学。这个女生胜利了，她成功地战胜了自己的弱点。这个故事非常平淡，没有感人的情节，但却能震撼听故事人的心灵。它告诉我们没有战胜不了的困难，一切贵在坚持。

与孩子的每一次交谈，父母都应该有意识地给孩子传授一种精神，一种力量，引领他们学会体验成功、感悟人生。

人有了精神，就可能成为强者。滴水可以穿石，原因就是每一滴水的目标一致、方向一致、力量一致，这就是一种精神的力量。

父母脑海中的故事只要讲得恰到好处，就会使一个看似平常的故事让听者为之心动。

(二) 成功者的起步

在很多时候，树雄心、立大志的人很多，但能取得最后成功的人数并不多，就像刚开学时，学生制订了一大堆计划，却难按计划付出努力，使自己变成了一个常立志的人。这种现象说明学生缺少的是锲而不舍、持之以恒的精神。

培养孩子锲而不舍、持之以恒的精神就是引领孩子走向成功的过程，这个培养过程可以贯穿在以下的细节中：

①从今天开始，踏实做好每天的事情

虽然一天有 24 小时，但是属于自己支配的时间只有 8 小时左右。在这 8 小时中，除去吃饭及路上消耗的时间，剩下来能真正用于学习的时间只有 4～6 小时左右。若每分钟写 16 个字，4 个小时中一动不动地写，也只能写 4000 字左右。若是再有其他事，能动手写的东西就不多了。在更多的情况下，这仅有的几个小时也常常被一些琐事干扰，不能得到完全的支配。因此，帮助学生懂得珍惜今天的时光，抓住每时每刻，才不会失去更多成功的机会。

②要变懒为勤，做好付出辛苦努力的心理准备

懒，是人的本性，也是人的弱点。懒得学习、懒得工作、懒得做事情是人之常情。懒，让机会悄悄溜走；懒，让自己

成为失败者。但是克服了懒，也就克服了人性的弱点，变懒为勤的人是一个战无不胜的人。

如果你的孩子能够感受到他（她）的学习比别人辛苦，他（她）的学习时间比别人多，那就意味你的孩子比别人付出的劳动多，你的孩子就正在超越自己，超越自己的人一定会超越别人。

③学会反思

一个会反思的人，才能不断地充实自己，才会拥有自我教育的能力。

在研究中我们发现，初中生已经拥有了反思自己行为的能力，这种能力到了初二显得尤为突出。在不同的成长阶段中，大部分学生不仅能较为准确地反思自己的行为，而且还能或多或少、或早或晚地领略到自己对人生的体验。一个人的反思能力蕴含着无穷的力量，这种力量远远超过老师的教导、家长的唠叨。当学生能够在自己的生活、学习中，反思每一次体验，就能较为准确地把握发展的方向，这对自己一生的发展都会有莫大的好处。

第二节　学点教育孩子的知识

　　教育人的问题是一个大问题。孩子是家庭的财富，更是国家的财富，作为家长，认真思考如何教育孩子是一件非常有意义的事情。

　　在研究中我们发现，学习成绩好的学生，以及在成年后有所成就的学生，他们的家庭都有一些共同的特点：父母感情好，并且父母本人都很好学。他们对孩子出现的每一个问题都不会轻易地做出独断的决定。家庭学习氛围浓厚，各成员之间的关系和谐融洽。这样的家庭才能培养出优秀的孩子。

　　家长应该学点家庭教育理论，以帮助孩子获得快乐、健康成长的人生体验。

一、WIIIFM 教育法

　　WIIIFM 的英文意思是 What is in it for me？翻译成中文的

意思是：我能获得什么？

WIIIFM 教育法就是指在"一个大杂烩"式的学习、生活与社会交往中，使受教育者能够明白怎样才能使自己获得自信，获得成功的体验，并拥有自我教育的能力等。

任何一种活动都蕴含着学习的行为，都可以成为接受教育的契机。

当我们的孩子面对一个或一类信息后，能够对它作出合理的反应，这种教育才是有效的。在家庭教育中，家长应该学会从一件小事情、一个故事、一个言行中，获得教育孩子的最佳时机，使孩子明白做最优秀的自己必须不断地学习。

WIIIFM 教育法在家庭教育中，应该注意以下几点：

①帮助孩子感悟生活

当青少年能够感悟生活，就意味着学生接近了生活，从而使学生能直接体验到生活的意义。只有这样，才能将学校的学习与实际生活紧密地联系在一起，才能完成知识学习与人品德的培养。

②帮助孩子获得快乐成长的体验

在青少年中我们经常看到厌学这种现象。原因是青少年在这个年龄段，看不到学习和接受教育给他们带来的好处，看不到今天的学习能给明天的生活带来什么意义，看不到现在拥有的知识能为明天创造什么财富，对自己缺乏自信。教育与实践的差距，使学生在学校学到的东西与现实生活脱离，使青少年产生迷茫感。在调查中我们发现，大约有80%的学生无法体验到学习的快乐，在他们看来，学习和接受教育是一件非常痛苦的事情。基于此，家长有责任帮助学生树立远大的理想，使他们逐渐地感受到学习的快乐，从而获得充足的自信。

③使孩子从多方位、多角度获得成功的体验。

成功是每个人的心愿。在日常生活中，家长要善于发现孩子的兴趣，并通过兴趣的培养使孩子拥有技能，从而获得成功的体验，而这种体验会像兴奋剂一样激励孩子进一步学习。如有些学生对画画感兴趣，有些对音乐感兴趣……及早发现孩子的兴趣，及时培养，不仅使他们的兴趣发展为特长，而且使特长成为自信的基石，促进学生的全面发展。

二、家庭教育中的"五忌"

父母都爱自己的孩子，但是要做到正确地"爱"孩子并不容易，不少家长在教育子女的问题上存在一些盲点。所以，面对青少年的教育，家长应注意以下五个方面的问题：

①忌只关心分数，忽视心理疏导

家长总喜欢把学生的考试成绩放在第一位，以成绩的好坏评价学生学习的努力程度。其实，当学生进入到初中阶段，成绩的好坏不仅靠平时的努力，还需要不断地开拓思维，换句话说，小学阶段只激活了大脑的 40%，到了初中通过各种学习内容，要继续激活 20%。初中阶段的学习，不仅是对具体知识的学习，更重要的是进一步开发左右大脑的潜力，使大脑对信息的反映更加准确、快捷。在这个过程中，成绩的高低只是阶段性的训练结果。这个时期，青少年的大脑不仅对知识作出反应，其内心世界对自己的影响也日益强大起来。因此，家庭教育中不仅要关心学生的学习成绩，而且还要更多地关心学生身心的和谐发展。

②忌只重视物质刺激，忽视精神教育

很多家长知道多表扬、多鼓励是教育孩子的好方法，但是却忽视了精神教育。吃苦耐劳、认真负责、勤奋刻苦等优秀品质的培养，是学生一生难能可贵的精神财富。但是我们的家长由于疼爱自己的孩子，怕孩子吃苦受罪，怕听到孩子叫苦叫累，所以只要孩子有一点点进步就大加鼓励，长久下去，奖励的数额越来越大，同时也使物质的鼓励越来越不奏效。因此，在进行家庭教育的过程中，应该使孩子明白有些进步是理所应当的。

家长在掌握鼓励的最佳方法和最佳时机的同时，注意培养学生的优秀品质，使他们更多地获得精神上的滋养。

③忌只给予孩子爱，而忽视孩子的感恩教育

孩子在成人面前永远都是孩子，这是一种错觉。女生大约到 13 岁左右，男生大约到 14 岁左右，生理的发展状况已经基本成熟，在认识能力上已经有了质的飞跃，只是在某些方面表现出认识上的片面性及经验不足等现象。换句话说，青少年是青年人的雏形，在很多方面已经具有青年人的思想、意识、行为等。所以，在家庭教育中，除了用爱关心体贴孩子外，还应该教育孩子学会感恩，不仅要感激父母的养育和教育之恩，还应该学会感激那些曾经帮助、关心、教育过自己的人，只有这样才能成为一个快乐的人，一个有责任心的人。

④忌只要求孩子老实听话，忽视孩子的个性发展

听话的孩子自然好管理。认为"孩子必须听父母的话"，这种天经地义的家庭教育方式，不仅破坏了孩子的个性发展，而且阻碍了孩子的创造性思维，是一种有缺陷的家庭教育，是一种不尊重孩子人格的表现，也是家长自私自利的表现。只有给孩子一定的发展空间，才能充分发挥孩子的潜力，才能使孩子拥有自信心。相信你的孩子吧，哪怕是犯错误，也是他（她）的人生财富。

⑤忌期望值太高，而忽视具体的帮助

在有些家庭教育中，由于望子成才心切，造成对孩子的压力过大，使孩子心理扭曲。成功与失败都是孩子的人生财富，人总是在不断积累自己的经验中获得自己的人生信条。因此，父母在培养教育孩子时，恰当地运用亲情来抚慰关怀受挫时的孩子，这样才有助于孩子的成长。孩子的潜能需要

得到发展，孩子的信心需要鼓励，同时又要注意不要替孩子做太多的决定。父母是孩子生活、成长的辅导者而不是替代者，让孩子学会快乐的生活。

总之，为了教育好下一代，学校教育、家庭教育等各方面的教育力量必须相互配合，形成一股力，对青少年的教育才能达到事半功倍的效果。

三、家庭教育成功的秘诀

家庭教育是一门科学，也是一门艺术，培养教育孩子是非常复杂而又艰辛的工程。

家庭是孩子的第一课堂，家长是孩子的第一任老师，家长的榜样力量是无穷的。孩子从小学到中学阶段，如果按时间计算，大约三分之二的生活是在家里度过的。孩子与父母一起生活的日子长、时间多，父母的言行对孩子的影响是很大的，它起着直接的感化作用。在现实生活中，家长勤奋好学，孩子往往也勤奋好学；家长行为不端，孩子就可能受到熏染，养成坏习气。因此，家长必须成为孩子的榜样，必须从各方面加强自身修养。

面对青少年，成功的家庭教育的秘诀是什么呢？

①营造和谐的家庭氛围

和谐的家庭氛围会带给孩子宽松的成长环境，家庭成员之间平等相处，相互关心、爱护，相互尊重，就会有一个和睦、民主、愉快的家庭气氛，这有助于孩子的身心健康，同时也有助于孩子智力的发展。在研究中我们发现，这样的家庭培养出来的学生也有很高的情商。因此，一个平稳、和谐的家庭会减少学生不良情绪的产生。

②家长应该做孩子的朋友

对于独生子女的家庭，父母不仅要做朋友，还要成为青少年的同学、密友。做孩子的朋友会使有些家长担心失去家长的尊严和威信。其实，做孩子的朋友与保住家长的尊严相比，利大于弊。首先，我们必须承认，家长的威信是家庭教育取得成功的重要条件，孩子不听话是家长没有威信的标志。但是树立家长威信，不能靠无原则的迁就、哄劝、爱抚，也不能靠物质和金钱的收买，更不能靠压制和打骂，而必须靠家长正直的品行、模范的行为和对孩子的理解和尊重。家长得到了孩子的尊重和信任，孩子就愿意把家长当成生活、学习以至工作的参谋和顾问，心甘情愿地听从家长指教。其次，在这个阶段，青少年有许多认识上的转变，甚至有些想法来得既快又奇，这时有一个做朋友的父母既可以帮助孩子树立正确的认识，又可以分担孩子的部分顾虑，当家长的何乐而不为呢？

③与老师配合，帮助学生顺利地接受学校教育

学生顺利地接受学校教育并不是一件容易的事情。有很

多家长能经常主动询问孩子在学校的表现，从而配合老师，使自己的孩子能够很好地接受良好的学校教育。也有另外一种情况，对待孩子的错误家长常说"我的孩子我知道"，这样在对孩子的管理上就会出现与学校管理的偏差。也许第一次你的孩子会表现出对父母的感激，随着错误不断增多，孩子认识的偏差加大，这个时候你的孩子不仅不会感谢你，反而会憎恨你，埋怨你"害了他（她）"。到那个时候，剩下的只怕是苦涩。

④要科学合理地安排生活，使孩子养成良好的生活习惯

家长要根据孩子的实际情况，帮助他们制订切实可行的作息时间，要求孩子严格遵守。从青少年成长的角度来看，他们正处在三个高峰期：一是身体成长的高峰期，二是智力开发的高峰期，三是情商剧增的高峰期。这三个高峰期发展得如何，与平时的生活习惯、作息时间、饮食习惯、起居习惯等有直接的关系。为孩子科学合理地安排饮食、作息、锻炼的时间，才能帮助孩子建立平静而又充实的生活。

⑤要用科学的方法，使家庭教育具有艺术性

家庭教育也需要科学性。随着孩子年龄的增长，教育的方式、方法也应该随之而变。面对成长中的青少年，更应该注意家庭教育的艺术性。教育是一门科学，有自身的规律，家庭教育不仅要符合教育规律，方法要科学，还要符合孩子的年龄。家长爱孩子要爱得适当，在严格要求孩子时更要严

得合理。

⑥营造舒适的学习环境

孩子每天在家学习的时间虽然仅有五六个小时，却是提高自身学习能力的最佳时机。在这段学习时间里，学生不仅需要将学校的学习进行温故知新，更重要的是，学生可以利用这个有限的时间寻求自我发展的空间。能充分利用好这段时间自学，就能超越自己、超越他人。因此，每个家庭要为学生营造一个舒适的学习环境，要有好的家庭学习气氛，要为孩子的自学创造必要的条件。家长要为孩子准备写作业的桌椅、放东西的抽屉和文体活动器具等。

一个成功的孩子，离不开良好的家庭教育，更离不开父母的智慧。随着孩子年龄的增长，做父母的也必须不断充实自己。只有与孩子一起成长，才能拥有一个出众的孩子。

第三节 父母的日常事务

一、为孩子的大脑提供"营养"

在多年教育研究中，我们发现：学习、情绪、行为出现障碍的学生，在饮食上也会出现问题。身体瘦弱的学生，会表现出对学习缺乏兴趣、精力不够、注意力不集中等问题。这些看似与学习无关的事情，却直接影响了学生的心理、身体的全面发展。从长远角度讲，不良的饮食习惯直接影响学生一生的健康发展。因此，在家庭教育中，每一个家长用心地做好与孩子生活、学习相关的日常事务，才能帮助学生顺利、快乐地过好每一天。

（一）大脑的工作步骤

作为家长应该了解人的大脑。只有了解大脑的物质构造，科学地注意学生每天的饮食搭配，保护好大脑，才能使它正常地进行工作。

人脑的工作步骤大概可以分为五步：

1.先通过眼看、耳听、嘴尝、鼻嗅、手触、肢体动作等通道接受各种信息。

2.这些信息被传送给大脑的不同区域，形成脑电波。

3.这些脑电波激活了相应的脑细胞。

4.在脑细胞的作用下，产生了心理反应。

5.这些心理反应在已有信息的作用下，形成认识或肢体反应，做出行为的反射活动。

（二）大脑需要的"营养"

就能量而言，人脑需要大量的氧气和葡萄糖。

葡萄糖基本上从吃的食品中获得。若提供给大脑低能量的食品，人脑的运行功能就会很低，若提供高能量食品，人脑就能高效率地工作。

氧气来自于运动。定期运动，使血液充氧。氧气蕴藏在血液之中，使血液氧化。切断氧气，就会毁坏大脑细胞，若完全停止氧气，人就会死亡。氧气不仅对身体有好处，还对大脑有好处。

在一天的工作中，大脑的工作效率在很大程度上取决于早餐吃什么。食品和氧气，是大脑能量的来源。通过深呼吸获得更多的氧气，通过食物的科学搭配获得更多的能量。

如果食物的搭配不合理，人体就会受到缺乏营养的不良影响。如缺铁会造成脑力不济、注意力减退、记忆力受到损害，妨碍学习成绩的提高。

钾、钠是大脑需要的主要营养成分，对于大脑传输信息是极为重要的。钠的减少会减弱大脑周围脑电波电流的强度，会减少大脑的信息接受量。钾的减少会出现厌食、恶心、呕吐、昏昏欲睡、昏迷等现象，这时大脑会停止信息传递工作。钾元素可以在水果和蔬菜中找到，钠元素可以在大多数食品中找到。

（三）大脑对"食物"的要求是丰富的

为了提高大脑的工作效率，可以借助植物中的微量元素，在食物中进行补充。食用花生、蚕豆、麦芽等食品，可以提高大脑的记忆能力。

除此之外，几乎所有的水果都含有丰富的钾元素，特别是香蕉、橘子、杏子、梨、猕猴桃、桃，有些蔬菜中也含有大量的钾元素，如土豆、西红柿、南瓜等。鱼、果仁和植物油含有丰富的营养，果仁和植物油中的亚油酸是修复大脑细胞的。

经研究确定，下面的食品有助于大脑的发展和保健：核桃、黑芝麻、花生、豆制品、玉米、小米、枣子、南瓜子、栗子、蜂蜜、海藻类、鱼虾等，在日常生活中可以选择食用。

另外这里有一个健脑处方，可供食用：胡桃仁 1000 克，龙眼肉 500 克，蜂蜜 2000 克。蜂蜜煮沸后，与捣碎的胡桃仁和龙眼一起置入罐中，拌匀，即可食用。每日服 2 次，每次 30克，长期服用，必有效果。

此外，龙眼肉粥、莲子粥、大枣粥等，也有益于大脑的保健。

（四）大脑的保健方法

青少年大脑保健的关健决定于科学的饮食习惯。

在饮食上出现问题的学生，注意力无法集中，会直接影响到学习质量。在一次对中学生"吃早饭问题"的随机抽样调查中发现：成绩在 80 分以上的学生几乎天天在家吃早饭，成绩在 60 分以下的同学几乎都在外面吃早饭，成绩在 30 分以下的学生，特别是女生，不吃早饭。另外，成绩在 80 分以下的学生中有部分学生几乎从早吃到中午回家，时时吃零食。在观察中我们发现注意力不集中的学生最明显的饮食特点是吃饭挑食，不吃肉、蛋、葱、蒜、姜……

在研究中我们还发现：饮食习惯对初中生的学习、成长、精神状态，甚至情绪等方面都有直接的影响。科学的饮食习惯，对每一个学生都是至关重要的。

我们不仅要充分运用大脑以发挥它的内在潜力，更重要的是还要学会用脑、健脑，才能使自己变得更聪明，大脑才能越用越灵。在这里我们介绍几种方法供参考。

1.手指运动

手指的功能直接影响着大脑思维的灵活性。手指功能的技巧锻炼具有健脑益智的功效，通过长期的手指锻炼，可刺激大脑的发展，保持身体的整体平衡。

2.按摩头部

按摩的方法是：

第一节，两手十指从前往后做梳理头发动作十二次；

第二节，用两手拇指按在两侧太阳穴，其余四指按住头顶，从上往下，再由下而上作五指直线收拢运动十二次；

第三节，两拇指按住太阳穴，然后作旋转按摩，先顺时针旋转十二次，然后逆时针旋转十二次。

上述按摩操，早晚各做一次，经常按摩可以达到提高智力，养神健脑的功效。

3.增强脑力劳动

古人主张博学强记，博学就是广泛地汲取新的知识，完善知识体系，充实知识内容。博学可以增强记忆。强记就是强迫自己必须在短时间内记住学习材料的内容，强记又可以促进博学，两者相辅相成。积极地参加脑力运动，不仅可以提高学习能力，还可以增强大脑的灵活性。

4.多做健脑运动

每日清晨起床后，应到窗前呼吸新鲜空气，并做扩胸运动，可以使大脑得到充分的氧气，这样可以唤醒尚处在抑制状态中的各种神经系统和肌肉。

在学习疲劳时，调节一下环境，如听一听悦耳的音乐，或观赏一下绿草、鲜花、鱼等，这些活动既能调节疲劳，也能使心情愉快，精神振奋，还可以提高大脑的工作能力和工作效率。

5.注意用脑卫生

为了提高学习效率，青少年除了要注意科学用脑外，还要注意用脑卫生，这主要表现在以下几个方面：①不能轻视早餐。长期不吃或吃不好早餐的学生，必会严重影响大脑的能量供应，从而导致智力下降和思维迟钝。②避免营养不良。营养不良会阻碍智力的发展。大脑经常处于紧张的工作状态，必须有足够的营养物质来保证。③避免"傻"吃"傻"喝。一些孩子对吃表现出极浓厚的兴趣，一天到晚吃个不停。贪吃会伤害大脑，俗语说："孩子傻吃会吃傻。"进食越多，胃肠需要的血液供应量就越多，大脑血液供应量就相对减少；而且过量的高脂肪在代谢过程中会消耗大量能量，与大脑"争饭吃"，影响大脑的正常工作。④克服心理障碍的干扰。天真单纯的孩子也有心理障碍吗？有！大部分进入初中的孩子的心理障碍表现为各种不同程度的烦躁、苦闷、焦虑……而这些不良情绪势必会影响青少年的智力发展。⑤要勤于运动。运动包括脑运动，大脑是身体各器官的总指挥，只有脑运动，才能调节全身脏器的运动。研究表明，大脑用得越少越易老化，大脑开始工作的时间越早，延续工作的时间越长，脑细胞老化的速度越慢。因此，要引导孩子多动脑、善动脑、勤用脑，大脑才会越用越灵，智力才会最大限度地得到发展，人才能越来越聪明。

（五）初中生的一日三餐

初中阶段是青少年的第二成长高峰期，只有注意科学的饮食习惯，才能有助于学生身体的健康成长。因此，在这个时期家长应该变换日常餐饮方式，及时补充学生在成长过程中所需要的营养和微量元素。

科学地安排青少年的一日三餐，改善不良的饮食习惯，需要注意以下几点：

①一日三餐要合理安排

早餐要吃好。早餐中应该有：一杯牛奶、一个鸡蛋、一碗稀饭、一块面包、一个小馒头等，可以选择食用。

中午要吃饱。一般要一荤两素，多吃一些蔬菜和瘦肉、蛋类、乳类、豆制类、鱼类等，这些食物中含有大量的蛋白质，有助于增强记忆，平衡大脑，具有抑制兴奋的作用，而且还可以提供足够的热量。

晚餐既要吃饱也要吃好。多吃些新鲜水果，几乎所有的水果都含有丰富的钾。蔬菜、土豆、西红柿、南瓜等，这些食物既可以提供丰富的维生素、矿物质，又能促进肠蠕动，预防便秘。另外，还可以多吃一些核桃、瓜子仁、松子仁、花生米、蛋黄、蚕豆、玉米油、麦芽、鱼肝油和植物油等食品，这些食品可以保持头脑清醒，避免思绪混乱、失忆、偏执、冷漠、发抖和幻觉等。但注意不要吃过于油腻的食物。

②辅助吃一些益智健脑、安神的食品

如鱼头、芝麻、大枣、核桃等。另外还可以喝粥类，如百合绿豆粥、莲子绿豆粥、小米粥、红枣粥、牛奶粥等，这些食物均有缓解紧张、焦虑情绪的作用。

③切忌"恶补"

切记滥服保健品，不迷信保健食品，不能把保健食品当饭吃，走出保健食品的误区。男生切记少食牛羊肉，女生切记少食生冷食品。吃好一日三餐，在饭菜中吸取各种营养。

二、为青少年的发展搭建平台

在研究中我们发现，学习成绩优秀的学生，其家庭教育是以养成学生良好的习惯和家长及时督促形成主要的发展模式。学习成绩中等的学生，其家庭教育主要是以学生自我教育和家长的偶尔督促形成主要的发展模式。学习较差的学生，学生的自我教育能力很弱，家长的管理很粗糙，家庭教育很难进行，"代沟"明显。

为了使青少年获得健康的发展，家庭及家庭中的每个成员都应该齐心协力，为青少年的发展搭建一个发展的平台。

(一)及时帮助，才是最有效的家庭管理模式

不论是培养做人的品质，还是督促学习，都体现在及时发现学生的困难，及时解决。在家庭教育中，家长应该细心观察、认真分析，及时出主意想办法，可以使青少年获得良

好的发展。

（二）及时沟通，才是最有力的帮助

在学生的生活、学习中，会遇到很多的困惑。面对困惑，学生采用的方法或是尝试，或是回避，但不论哪种方式都是学生必不可少的体验。在家庭教育中，家长应做好与老师的及时联系和孩子的沟通，只有这样，才能最有效地帮助青少年。

（三）及时鼓励，才是最好的爱

自卑是青少年的主要心理特征，怪异浮躁是自卑心理的外在表现，在他们的内心深处缺少自信的基石。在家庭教育中，及时发现孩子的优点，鼓励并及时纠正不良的习惯，树立孩子的自信心，使之获得健康成长。

（四）及时培养，才是最好的教育

全面发展，才是最好的发展。一个人永远不可能达到尽善尽美，但是一个人却可以努力做到不断完善自己。在家庭教育中，培养青少年积极的学习态度，不断完善自己，才能使学生始终处于进步的状态中。

这个时期的青少年必须注意培养良好的习惯，在不断的学习过程中，学会自我教育，逐渐提高认识问题的能力。在培养良好习惯的过程中，应注意以下几点：

①道德素养，不能少；

②尊敬师长，懂礼貌；

③尊重他人，不虚伪；

④言行举止，有分寸；

⑤勤奋学习，守纪律；

⑥与人交往，讲诚信；

⑦学习习惯，细培养；

⑧生活习惯，要注意。

第三章
DISANZHANG

自我教育
ZIWO JIAOYU

> > >

第一节　勇敢地面对各种变化

一、青少年的生理变化

(一) 女生的生理变化

从生理角度讲，女生比男生的成熟期提前一年。因此，女生在认识能力、承受能力、接受能力等方面的表现较男性略显优势。

在研究中我们发现：大约有 70% 的女生，在小学六年级或初一第一学期末来例假。这会给女生带来不安的心理，父母的及时呵护，会使不安心理得到疏导。女生的性成熟，会使女生变得内敛。

对于女生来说，由于性成熟，必然引起其他方面的生理变化。了解自己身体、心理的变化，及时掌握相应的知识是非常重要的。

那么，有哪些变化应引起女生的注意呢？

1. 心脏的收缩力加强

心脏的发育是出生儿的 10 倍。心脏的心肌增长、加厚，心脏的收缩力加强，血容量增大，供血量明显增多。女生的血容量和心脏的重量一般比男生小 10%～15%。在劳动或运动中，女生的心脏每次输出的血液重量（即心脏每次收缩射出的血量）比男生少，但心脏跳动的次数比男生快 8～10 次。这个时期女生很容易出现心烦、心跳过速、胸闷、情绪低落、烦躁等现象，此时，注意休息，可以缓解不适状态。

2. 肺脏的重量增加

肺活量是指尽力吸气后再尽力呼出的空气量。肺脏的重量增加，肺活量也随之增加，身体趋于良好的发展状态。女生由于胸部的运动量较小，肺活量比男生小 1/3 左右，因此，女生的呼吸频率比较快。这个年龄段的女生，应该加强锻炼，增强心脏的收缩力，为大脑和所需要的大量氧气提供充足的"营养"。若肺的供氧量不足，则会导致学生常常感到困乏无力、无精打采。

3. 皮肤汗腺的分泌增多

皮肤汗腺的分泌增多，使一些女生出现特殊的体味。分泌腺分泌出的分泌物如果在皮肤上堆积，得不到及时清洗，会出现皮肤囊肿。面部的毛孔如被分泌物阻塞，就会成为"小痘痘"，严重的会感染细菌产生溃烂而成为痤疮。所以要及时清洁皮肤，保持皮肤的干净。

4.女生的第二性特征

女生的乳房开始隆起，并有乳核（硬块）出现，乳头突出，乳头周围的颜色呈咖啡色，乳房周围的肌肉渐渐发达起来。这时，一些女生由于乳房的凸起，感到很害羞，出现藏胸的现象，这是不对的。这样不仅影响了骨骼的正常发育，而且还会影响形体的美观。这个年龄段的女生应该挺胸抬头，注意形体美。

女生例假形成规律后，大约每隔28～32天来一次，每次大约3～5天，正常经血的颜色是暗红色。每次来例假时，不用紧张，注意个人卫生，不要碰凉水，有困难请教妈妈、老师。

5.身高的增长

大约从12岁开始，女生个子长得非常快，平均每年可以长高5～7厘米。身高除了与遗传有密切的联系之外，还与营养、睡眠、锻炼有关。在这个阶段营养方面要注意从饮食中及时补充蛋白质、钙，以及维生素B族、E族等，它们是促进机体新陈代谢的主要元素，同时也有助于骨骼的发育和生长。

这个阶段生长激素的分泌处于旺盛期，而且这种激素的主要功能是促使骨骼发育，因此青少年要保障充足的睡眠。

积极地参加体育锻炼，使身材匀称，体形健美，减少脂肪积累。

6.体形渐渐变得优美

体形主要是由骨骼、肌肉、脂肪三个方面构成。由于男、女生的内分泌激素不同，所以形成了男生和女生的不同体形。女生容易产生脂肪积累，脂肪集中分布在乳房、臀部、脊背处，皮肤细腻，身材苗条，体态优美。

7.体重迅速增加

女生体重的增加，主要是由于脂肪的增多。脂肪容易积累，大约占平均体重的28%。所以，女生显得比较丰满。

当女生身体发育成熟时，就意味着成人了，这是一个值得庆贺的事情。有些国家专门有庆祝女孩成人的节日，祝福女孩子即将进入生命的崭新阶段。

(二) 男生的生理变化

在研究中人们发现，男生的成熟期比女生晚大约一年。男生大约要到13岁才开始进入生长的第二高峰期。因此，在相同的年龄段，男生在某些方面的表现略迟钝于女生。如语言的表达能力不如女生利索，作业写得不如女生整齐等等，这时女生在很多方面的表现尽显优势。

但是这种局面会在很短的时间里被改变，从14～15岁，也就是大约到了初二第二学期或初三的第一学期，女生的思维显得不如男生敏捷，男生的自信心明显强于女生，男生探究问题的执著程度比女生强等等。

13～15岁时，男生的性成熟悄然而至。

在研究中我们发现，大约有40%的男生在初一的第二学期出现第一次遗精现象，大约到初二第二学期90%的男生都有过遗精现象。这会使男生失眠、做噩梦、心神不定……换句话说，生理上的巨变会使男生变得浮躁，注意力分散等。作为男生，应该了解自己的变化，很好地调整由于生理变化带给身心的巨大影响。那么，进入初中后，男生会发生哪些生理变化呢？

1.男生开始显现"男子汉"气质

生理发育逐渐成熟，这主要表现在：（1）长出体毛。如胡须、腋毛、阴毛等。特别是生殖器上长出阴毛，可以看成是男性性成熟的开端。（2）变声。声音由童声变得粗而沉，长出喉结。（3）有时会出现遗精现象。（4）阴茎开始发育。（5）体格也发生变化，身材高大、肩宽、皮肤粗糙，出现浓烈的男性气味，显现男子汉的雏形，这些明显的变化给青少年造成了错觉，让男生误认为自己已经成人。另外，男生每月平均出现1～2次遗精，这属于正常现象，不用恐慌。从这时起，男生应该注意个人卫生，不要用手触摸自己的生殖器。注意睡觉姿势，不要采用俯卧式，而应该尽量采用侧卧式，减少对生殖器的刺激。

2.肺脏的重量增加

肺脏的重量增加，肺活量也随之增加。肺活量比女生大2/3左右，这个阶段爱运动的男生体格健壮，肌肉坚硬，而不爱运动的男生则身材瘦小、体弱多病。

3.男生体格的变化

男生到了 13 岁以后，骨骼、肌肉等发育良好，内分泌正常，内脏发育良好，特别是骨骼生长的速度很快，肌肉的重量增加。一个健康的男生显得四肢发达、形体健美、匀称，这一点与女生有明显的不同。男生的脂肪占体重的 18%，心脏的重量是新生儿的 10 倍，心肌加厚，心脏收缩加强，供血量增多。这个年龄段的男生会常常有心烦、心急、心痛的感觉。

4.言行举止的变化

由于男生的外貌、体形发生巨大的变化，心理感受变得更加敏感，情感、情绪的波动使性情古怪，很多男生常常说话不算数、爱与人争辩、讲吃讲穿、说谎、学习不专心、上网、说一套做一套、吸烟、喝酒、早恋、不服从老师或家长的管理等，常常出现一些不和谐的言行举止。虽然这是一种正常现象，但是不利于青少年的健康成长，会使青少年做出害己又害人的事。处在这个年龄段的男生，应该注意自己的个人修养，培养自己的识别能力和判断是非的能力，多参加体育活动，培养广泛的兴趣，使自己有涵养，有风度。

二、青少年成长阶段中的认知变化

13～16 岁的学生显著的认知变化主要表现在以下几个方

面：

（一）青少年在感觉和知觉方面会有明显的发展

在感觉方面如听力和视力有明显的提高。在区别颜色的精确度方面，要比小学生提高 60%，在听觉方面已经具备了相当准确的辨音能力，视觉和听觉的敏感度均超过了成人，这个阶段是培养青少年音乐和绘画技能的关键时期。由于视力的快速提高，很容易产生视觉疲劳，因此这个年龄段很容易造成假性近视，应注意眼睛的保护。

在知觉方面也有所发展，精确程度、准确程度、概括能力等都有所发展，他们不仅能观察到事物的细微之处，而且还有能力抓住事物的主要特征、属性。这个阶段的学生空间知觉能力也有所发展，已具有学习立体几何的能力。

（二）青少年的注意力比小学生稳定，持续的时间长，注意的目标更具有选择性和目的性

小学生的注意中无意识的注意占优势，而且极不稳定，很容易被一些新的或奇异的刺激所吸引，并伴随行为的出现，即只要有刺激，就能感受到，并同时表现在言行上。而初中生则不同，对刺激可以做到充耳不闻，视而不见，也就是明明听到，却装着什么也听不到，身心可以分离。初中生的注意力还有一个明显的特征，即注意力具有选择性，不像小学生那样什么都注意，或什么都不注意，而是选择自己感兴趣、喜欢的事情加以注意。如喜欢某位任课老师，或对某学科感兴趣，那么这个科目成绩就会很好。初中生在中学学习阶段很容易出现偏科现象的原因就在这里。

（三）青少年的记忆有较强的目的性

知道为什么而记忆，或应该记住哪些，并且能够按要求记忆学习材料的内容。当然，有一些学生对学习材料的记忆还停留在死记硬背的阶段上，意义记忆处在刚刚起步的状态上，这也是正常现象。

（四）青少年的抽象思维能力、逻辑思维能力需要得到进一步的拓展。

初中生的思维能力有明显的变化，逐步占主要地位，特别是成绩较好的学生，思维能力的发展也较为完善。在学校教育的影响下，他们已掌握了一些关于社会、自然、人文等方面的知识，能够理解比较抽象的概念，逻辑思维能力不断增强，能够独立地理解一些问题。

在此期间，初中生有一个共同的特征：他们已不满足于教材上关于某些事物、现象的解释，对成人或书上的见解和知识，常常提出疑问或不同看法，常常与老师发生争辩，思维的批判性日益增强，有自己独到的见解。

这个时期是青少年形成独立人格和思维发展的重要阶段。

（五）青少年自主意识的形成

不喜欢跟在老师、家长的身边，独立性增强，富有好奇心和冒险精神，不再希望被人们看成是孩子，要求得到成人的尊重和信任，不愿接受监督和照顾。但是，由于经验不足，认识水平有限，往往还不能分辨坚持与固执、勇敢与野蛮、果断与轻率，有时不能控制自己，容易冲动，意志还不十分坚定。

初中阶段的学生，不论在心理、生理，还是在世界观等方面，都处于人生发展的关键时期，每个初中生都应在这个时期，严格要求自己，接受老师和家长的正确管理，加强修养，把握好人生转变的这一关。

三、青少年常见的心理疾病

健康的心理并不是天生就有，是需要通过学习、不断地总结自己的经验和教训后获得的。拥有健康的心理，是成功的开始。

学生的异常举止说明他们有了心理疾病，产生了心理障碍。中学生常见的心理疾病有下面三类：

（一）焦虑症

这种心理疾病是指面临压力时，当事人的心里出现不安、焦虑、担心、害怕等反应，在身体方面还表现出心跳加快、爱出汗、发冷发热、手脚冰凉、肌肉紧张等现象。这种焦虑反应常常出现在考试临近，或被点名发言时。因此，很多学生在考试时，不能集中注意力，脑子一片空白，思路刻板，无法正常发挥水平。

对患有焦虑症的学生可以采用心理治疗和物理治疗两种方法医治。

采用心理治疗的方法：对自己要有正确的认识和正确的评价，降低对自己的要求。制订合乎实际情况的不超出自己能力范围的目标。

采用物理治疗的方法是：深呼吸，分散注意力，肌肉放松，使自己心平气和地做事情，这样可以缓解焦虑的心态。

（二）恐惧症

中学生的恐惧症很多来自于对社会和学习的恐惧。患有社交会恐惧症的学生，害怕与人交往，害怕在公共场合或社交场合讲话，如班会上讲演、上课发言、与别人争论问题等，担心自己会由于某种原因出现被别人取笑的地方，因此这些人会出现发抖、脸红、声音发颤、变音、口吃等现象，另外这些同学说话时还表现出不自然、不敢抬头、不敢正视对方的眼睛等现象。

患有学习恐惧症的同学，害怕见到老师，害怕写作业，看见文字、符号就会非常敏感地头痛、头晕、心烦意乱。

对患有社交恐惧症的同学采用的治疗方法是：增强自信心，相信自己总有某个方面比别人强，相信自己的才能会得到同学的认可，多想想自己的长处，想想比自己差的同学还有许多。

采用物理治疗的方法：给自己发言的机会，发言时可以暂时不看同学或老师，而将视线移向远方，想象自己是在一个无人的空旷地方自由思想。

对患有学习恐惧症的同学，采用心理治疗的方法：端正学习态度，树立远大目标，探求学习方法，寻找失败的原因，借鉴成绩优秀学生的学习精神和学习方法。

采用物理治疗的方法：上课认真听讲，做好课堂笔记，弄懂每个例题，明白每个范例的意义，认真完成作业，不懂就问，直到真正理解所学的每个知识点。

(三) 生长障碍

生长障碍是指一些同学由于某种原因产生进食障碍或睡眠障碍。如挑食、饭量小、失眠、做噩梦等。

对患有生长障碍的同学采用的心理治疗方法：了解人的发育规律，及时补充学习、生活、生存的知识，提高对身体、生命的认识。

采用物理治疗的方法：加强锻炼，积极参加体育活动，吃饭不挑食，保持良好的心态，临睡前不看恐怖书籍和电影，睡前喝杯牛奶。

四、青少年常见的情绪障碍

在研究中我们发现，初二第二学期至初三第一学期，是初中生心理发生变化的第三个阶段，在这个阶段里，学生心理又一次发生巨大转变，同时引发了情绪的巨变，导致学生的行为也随之发生巨大变化。

随着学生年龄的增长，学生的心理反应已经由内向型向外向型转化，表现的形式是学生有了情绪反应，出现了亢奋或抑郁，非常复杂，让人难以琢磨。良好的情绪反应有助于学生的健康，不良的情绪反应有碍于家庭教育、学校教育和学生的自我教育。

特别是进入初二第二学期后，大部分学生表现出行为受情绪影响的现象。如有时回家后情绪高涨，滔滔不绝地讲学校的事，做事比较主动；但有时情绪非常低，不言不语，假话连篇，做事不主动，甚至脾气大等等，这都是情绪反应。在初中阶段，学生还不会调控自己的情绪，一切都随自己的性子来，使很多的家庭教育很难进行。当然也有很多的家长非常细心，当学生情绪好的时候再进行家庭教育，这时会达到事半功倍的教育效果。一般情况下，一个成绩良好的学生，一定拥有稳定的情绪，而情绪波动很大的学生常常是出问题比较多的学生，当然动荡不定的情绪也会影响到学生的学习成绩。

青少年由于心理困惑，导致情绪不稳定，发展为情绪障碍，这种情绪障碍的表现形式主要有：

愤怒：由于害怕生活不能朝自己的心愿和既定的目标发

展而恐惧，产生情绪失控现象。

焦虑：害怕失败、丢脸，忧虑未来。

懦弱：害怕为自己的行为和情绪承担责任。

悲伤：内心矛盾、挣扎产生的忧虑心理。

负罪感：害怕出错，害怕被人指责或伤害某人。

羞耻感：害怕被人"揭底"，害怕辜负别人的期望与要求。

后悔：害怕失去某种值得拥有的东西。

报复：害怕成为失败者，落在别人后面，害怕处于不利地位而产生的情绪。

讨厌：害怕别人知道有关自己的行为或态度。

占有欲：害怕失去自己所拥有的东西，害怕别人的背叛。

孤独感：害怕被别人遗弃、害怕独处。

忧郁：常感到苦闷和孤独，事情总往坏处想，没有精神。

幻想：常带有几分冲动，充满信心，但总是在下一次的希望中陶醉，却总也不在希望中行动。

焦躁：坐卧不安，忙忙碌碌，心烦意乱，什么都想干什么又都干不好。

恐惧：担惊、焦虑、害怕，白天疑虑重重，夜晚噩梦呓语。精神经常处于紧张状态。

懒散：无所追求，松松垮垮，得过且过，对一切事情都无动于衷。

自卑：自以为什么都不行，从来不敢奢望成功，而失败又导致往更坏的方面想。

自负：往往自视过高，自以为比谁都强，对别人傲慢无礼。结果又是一事无成，失去别人的尊重和信赖。

默从：谨小慎微，没有主见，人云亦云。

嫉妒：不能容忍他人的优点和进步，经常诋毁他人的名誉和成绩。

失意：期望值太高，却总是达不到目的，最后丧失自信心。

……

不良的情绪是青少年健康发展的障碍，但是快乐的情绪是青少年获得健全发展的要素。因此，在认识事物时，应该从事物的积极一面入手，对事物应该抱有更为现实的期望，用热情、欣喜、平静、自信、自尊来应对自己所面临的事物。

处在初中阶段的学生，很容易产生不良的情绪。这种不良的情绪反应，更多的时候是不以青少年的意志为转移的，老师及家长应该给予理解和帮助。另外，由于受到不良情绪的干扰，学生的内心世界是非常痛苦的。虽然在平时的教育过程中，我们提倡学生用理性的思维处理不满的事情，用科学的方法调整不良的情绪。由于人自身存在的弱点，所以，宣泄情绪是一种生理需要，只有将不满的情绪发泄出来后，才能获得健康的心理。家长和老师应该教会学生采取适当的方法进行宣泄，从而培养学生的良好情绪。

五、青春期早恋现象解析

学会与异性同学交往是青少年成长过程中非常重要的学习内容。

在研究中我们发现，初一的第二学期后，大约30%的学生会产生与异性同学交往的愿望，大约到了初三第一学期有70%的学生有与异性交往的愿望。

在与异性交往的过程中，早恋是一种极为正常的现象。但是早恋的学生常常表现出情绪上的异常亢奋和惊恐，家长、老师稍有干涉就会表现出强烈的不满。在学习上，作业马马虎虎，听课时魂不守舍，行为上出现极大的偏差。

在青少年的早恋中，能做到不影响正常学习、生活的情况比较少，仅占2%的比例。

从成长的角度讲，青少年在早恋的过程中，学会关心体贴人，学会替他人思考，有了爱憎的情感体验，这是成长过程中必不可少的情感认识，是一种有意义的体验。

另外，早恋是交友的另一种方式。交友的愿望是青少年社交能力的最初形式，可以使学生渐渐学会从他人的角度考虑问题，渐渐体验到爱、喜欢、爱慕，以及不喜欢、讨厌等情感体验，渐渐学会关心他人，学会依从他人的期望主动改变自己，学会将自己融入一个团体之中，成为他们的一员。在与异性交往的过程中，同时也渐渐学会适应别人，愿意放弃自己的意愿而顺从他人的要求。能勇敢地与异性交往是青少年进入青春期的一种表现。但是，由于很多青少年认识的局限性，因为怕孤独、寂寞，再加上有脱离家长、老师管理的愿望，会出现一系列的行为偏差。所以，在与异性同学交往的过程中，树立正确的交往愿望是非常必要的。

(一) 早恋形成的原因

1.生理成熟的表现。在学校的生物课上，初中生已经学到较为详细的生物知识，生物体的一个最大特征就是繁衍后代。人与自然界中的动物一样，伴随着性的成熟，自然会对异性产生明显的关注，有追随异性的愿望。

动物只要成熟，就可以不受任何限制追随异性，完成繁衍后代的任务。但是人就不同了，每个人做出的事情不仅要对自己负责，而且还要对周边的人负责。

2.心理发展到一定程度的错觉。进入青春期，心理发生着巨大的变化，对事物的敏感度增强，对事物的判断带有很强的感情色彩。这时会把对某一个人的好感误认为是"爱"，便开始自己"爱"的体验，不考虑为什么爱，以及爱的后果等问题。甚至有的学生认为有异性朋友，会在同学的心目中显得比较潇洒。还有人把异性朋友看做是自己的精神寄托。他们爱的标准非常简单：自己喜欢的就是自己的爱。因此，早恋中"爱"的行为具有盲目性、不专一性和随意性，也许没几天"恋人"就会换掉。

对早恋的需求是一种心理错觉。有很多早恋的青少年或是有自卑心理，当得到异性朋友的称赞时才能确认自己的存在，才感到自己的价值；或是虚荣心较强的人，当得到异性朋友的礼物时，感到自己很有面子……

3.家庭情感危机的补偿。有部分青少年进入青春期后常常感到困惑，却没有家人指点迷津，孤独时无家人陪伴，遇到困难时无家人帮助，与父母难以沟通，因此，心理上渴望得到依靠，便会从与异性的恋情中找到支撑。

心理学家认为：爱是在受别人吸引时，一种感情上的依附。在一般情况下，青少年发生早恋是一种在同龄人中寻找可依附情感的表现。

4.不良信息的诱惑。从电视、电影、报刊、杂志、网络或现实生活中恋爱男女那里获得的不良或不健康的性信息的影响，在好奇心的驱动下向异性表示爱意。

由于青少年的早恋缺乏感情基础，所以男女生的恋爱具有很大的情景性与短暂性，当环境改变时，两人的恋情也会发生变化，或处于热恋之中或随之消失。

（二）青少年早恋带来的危害

1.青少年在恋爱的过程中，喜欢在公共场所表现出派头、情调，会逐步学会吸烟、喝酒等。为了得到足够的钱摆排场，有可能发展为偷窃、抢劫，从而走上犯罪道路。

2.若有第三者介入，常常不能控制自己的情绪，发生结伙斗殴、吵架、打架等现象。

3.由于青少年的情感处于盲目和幼稚的阶段，缺乏理智的引导，一旦遇到坏人的勾引或进入一个恶劣的环境时，就很容易上当受骗。轻则荒废学业，重则被拖下水，做出违法乱纪的事情，继而破罐子破摔，不能自拔。

(三) 从早恋中摆脱出来

如何建立正确的与异性交往的意识，如何从早恋中摆脱出来呢？

1.一定要认识早恋的危害，辩证地看待"情"字

能感受到恋情，说明青少年的身心是健康的、健全的，这是一件好事。但是，当陷入早恋，不能自拔时，只能说明这种情感缺乏理性，导致青少年处在失控的状态中。

世界上有许多事情，不能等到全品尝一遍之后，再说它的好与坏，因为有些事情会使人付出一生的幸福，这是很不值得的事情。早恋把握得不好，就成为毁掉一个人前程的事情了。有时早恋中犯下的错误，用一生的努力都很难弥补。

2.勇敢地面对困难，做一个自强不息的人

在遇到困难时，青少年常常会感到害怕、困惑、孤独，出现心理紧张等情绪，这些情绪为早恋提供了土壤，使青少年错误地感觉到，只有在恋人那里才能找到安慰，才能拥有

平静的心理。其实不然，战胜困难的正确方法就是自立、自强、自爱、自尊，有勇气面对一切，知错必纠，将家长、老师的要求和期望转化为自身的需要，这样的人才是最勇敢的人。

当一个人拥有自强不息的心态，儿女情长就会被淡化的，早恋现象自然就会被克服。

3. 与大家分享快乐

将自己融入集体之中，从个人的情感世界中跳出来，与同学们在共同的学习生活中分享快乐和痛苦。很多早恋的青少年内心深处是孤独、寂寞的，早恋后又将自己进一步封闭在狭小的两人世界，沉湎于感情，不思进取。因此，将自己融入集体中，尽量避免两个人单独接触，多与同学们交往，积极地参加文体活动，将注意力转移到学习、关心班集体的事情中，自然就会淡化个人的情感。

中学时代积累的一切体验都是人生最宝贵的财富，不论是酸、甜、苦、辣，都将成为将来生活的基石。青少年应该丰富自己的中学生活，使这个阶段成为一个读书学习的黄金阶段，由于这个阶段精力最旺盛，求知欲最强。因此，学会珍惜自己的青少年时光，不断积累知识、增长才干、学会辩证地看待问题，在这个打基础的最好时机里，积累人生最宝贵的财富。

相信自己，一定会战胜早恋的困惑。

第二节　认识叛逆期心理

一、叛逆心理类型

人在成长的过程中，会出现许多次形式多样的叛逆行为。每一次叛逆都伴随着不同程度的挑战，在挑战中认识自己、发展自己。从某种角度上讲，叛逆行为的出现是一个孩子长大的表现。

青少年叛逆期最初的表现是：听不进成人的话。在家不愿意听父母的话，在学校不愿意听老师的话。

在研究中我们发现，叛逆心理是青少年进入初一第二学期至初二第二学期期间的主要心理特征。

处在叛逆期的青少年常常表现为：冷漠、反叛、敌对、消极、自以为是、随心所欲等。

叛逆心理会给青少年的成长带来极大的危害。分析这个阶段的叛逆心理，大致分为以下五种类型：

（一）自负型叛逆心理

调查表明，95%的青少年从小就过着优越的生活，"独生子女病"严重，所以养成了自傲、自私、心胸狭窄的性格，听不进不同意见，听不得善意的劝告或批评，总是自以为是，从而出现叛逆的表现。

（二）困惑型叛逆心理

青少年由原来在小学阶段的"依赖性成长"转变为初中阶段的"独立性成长"，心理年龄、智力年龄、生理年龄、情感年龄等会出现许多的不协调或跟不上的现象。因此，眼里看到的、实际能做的与所受的教育相互之间有许多矛盾，心里不免产生怀疑、恐惧、困惑、不安等心理，从而表现出走极端、消极、图痛快等叛逆的表现。

（三）失落型叛逆心理

由于得不到别人的赞美、理解、表扬或肯定，特别是得不到老师、同学的认可。因此，失去了上进心、自信心和勇气，消极、冷漠地对待周围的人或事，使自己变得消沉，从而出现了叛逆的表现。

（四）受挫型的叛逆心理

面对失败，无法振作，沉溺于烦恼和痛苦之中，失去了勇敢面对生活的勇气，对周围的人或事充满了怀疑或敌意，借此缓解自己内心的不满，从而导致叛逆的言行。

（五）不相容的叛逆心理

家长、老师、学生之间或多或少都存在一定的心理距离，如果不能相互理解，这条心理鸿沟的缝隙会越来越大，青少年由此产生巨大的叛逆冲动。

二、叛逆行为的危害

在研究中我们发现，叛逆行为是初二第二学期至初三第二学期的主要行为特征。青少年进入初中后，随着年龄的增长，知识、阅历、能力的不断丰富，在不同的阶段里会表现出不同的心理现象，会遇到不同程度的困惑和干扰，从而引发了叛逆行为。这不仅会伤害青少年自己，同时也会伤害关心和爱护自己的人。

成长中的青少年，最大的心理特征是总想挣脱成人的监护，但却又时时刻刻观察成人是否关注自己，不希望成人过多地干涉他们，但又无法容忍成人对自己的漠视。过多的关注，他们会感到压力太大，表现出不安或不耐烦；若对他们漠不关心，他们也会感到恐慌不安，甚至会用自我伤害的方式，来试探成人对自己的关心程度。在这种状态下，采取叛逆行为成为青少年获得亲自体验生活的主要方法。叛逆行为对青少年的危害是显而易见的。

（一）叛逆会伤害到青少年自己

在研究中我们发现，很多叛逆期的学生故意做出反常举止，故意放纵自己的不良行为，故意表现出与众不同……在当时，这样做会使自己感到很痛快，但过后内心深处留下的是痛苦、悔恨，更多的是对自己的伤害。有些男生非常烦父母管理自己的吃穿，大冬天里穿得非常少，家长叮咛多穿衣服，他们不仅不穿，还说"烦死人了"。结果感冒了，照顾他还是父母的事，这时他可能觉得父母的话是对的，可能会听父母的话，可能会觉得自己的生活离不开父母……可是病好了之后，仍会我行我素，仍然要独立、要自由。

处在叛逆期的学生一定要非常小心，经常反省自己的言行举止，检查自己是否有过激的言行，是否有太多不合理的地方……否则，叛逆行为首先伤害到的是自己。

(二) 叛逆行为会伤害自己的父母

很多学生特别想离开父母的管理圈，早早独立。他们的叛逆行为常常使父母感到害怕、担心、着急、不知所措。在这个时期，父母受到的伤害最大。

一个叛逆的孩子会经常给父母带来麻烦、痛苦、烦恼，会刺痛父母的心。叛逆行为会严重地伤害自己的父母。

(三) 叛逆行为会伤害自己的朋友

处于叛逆期的学生之间经常发生一些怪现象：几天前还是非常好的朋友，因为一点小事情就会大打出手，翻脸不认人。对手往往是自己昔日的好朋友或同学。

外在叛逆期的学生，既然有了离开父母的愿望，自然也就越来越觉得朋友很重要。对那些不听自己话、不按自己要求做事、不向着自己说话的同学，不论从前有多么好，一概视为敌人，成为被打击的对象。而对那些能像自己一样"敢作敢为"的人，则视为朋友，并形成一个"死党"。当发现"死党"不可靠，有被出卖的感觉时，就会气得失去理智，变得无情无意，残酷无比，无视对朋友、同学的任何伤害。

（四）不能顺利度过叛逆期的青少年，一生将受到严重的影响

叛逆时期的学生虽然残酷无情，但是他们却很无辜。每一个有残酷心理的学生，他们的内心深处也经受着痛苦的折磨。他们只有在折磨别人的时候才能安慰自己的心灵。而这些痛苦的折磨仅仅是因为孤独、无知，及成长中遇到的诸多困惑。但是，如果不能超越这些障碍，就不能完成这个阶段的各种学习任务，无法获得健康成长的新体验，从而影响自己整个的人生。

三、消除叛逆心理，树立正确的人生观

在研究中我们发现，大约有98%的青少年在老师、家长、同学的帮助下，或在自我教育的过程中，都能顺利地度过叛逆期，叛逆心理得到改善，叛逆行为得到纠正。个体之间的差异主要表现在顺应时间的早晚上。其中60%的学生大约在初

二第二学期结束时，基本处于平稳的状态，30%的学生约在初三毕业时处于平稳的状态，还有 8%的学生在毕业后可以获得平稳的状态。

为了顺利度过叛逆期，青少年首先应该学会认识自己，然后学会与父母交流。在顺利接受父母的教育，同时学会接受老师的教育，最后学会接受社会的考验。

青少年的可塑性极强。如果每一位家长、老师能从内心深处感动学生，那么教育学生的活动才能顺利进行，才能引导学生走出叛逆心理的怪圈。

为了平安地度过叛逆期，青少年通常可以采用下面的方法来应对自己的各种叛逆行为。

（一）认真分析自己属于哪一种叛逆心理

找到叛逆心理的根源，才能找到与之相适应的解决方法。在不断的学习和努力中，改善自己的心理状态，使自己更适应于健康、全面发展的需要。

（二）学会经常反省自己

正确地分析自己、分析环境是正确地评价得与失、好与坏、善与恶、丑与美的关键，及时地反省自己，消除不良的心理倾向，使自己从心理困境中走出来，勇敢地面对生活中所遇到的一切。

（三）勇敢地接受不同意见

在青少年这个特殊的年龄段，一方面由于知识的容量在不断地增加，观察能力、适应能力不断增强，由此感到自己强大起来，另一方面却因各种困惑，又深感自己的藐小。因此，最听不得不同意见，错误地认为自己"被瞧不起"，内心有一种"受到伤害"的感觉，这些都是缺乏勇气的表现。青少年只有勇于承认错误，从错误中学习，勇于接受不同意见，认真听取别人的批评和劝导，才能改善自己的叛逆心理，从而促进自己更大的进步。

（四）不断学习，不断拓展自己的认识领域

青少年精力最充沛，探求能力和好奇心最强，具有很强的可塑性。在叛逆心理出现的初期，并不是处处都叛逆，随着环境、条件的变化，教育所起的积极作用，以及自己的知识、经验、判断能力、适应能力不断增强，叛逆心理是可以得到转化的。因此，只有不断学习，不断拓展自己的认识领域，不断地体验生活，青少年才能逐渐成熟起来，变叛逆为顺应，从而使自己健康成长、全面发展。

（五）学会脚踏实地做人

有叛逆行为的学生实际上是在向自己挑战，向父母挑战，向老师挑战，向社会挑战。可是"挑战"就如同跳蹦蹦床，你可以一次比一次跳得高，一次比一次有激情，但最终还是要回到地面，踏实做人。所以，不要被一次又一次的挑战"成功"所带来的激动冲昏头脑。你不可能永远叛逆，要劝自己尽快地从叛逆阶段中走出来，缩短危险的路程。

　　最后应该注意的是，叛逆时期的学生不仅要珍惜父母的爱，老师的关心，而且还要懂得奉献，献出你对别人的关心和爱护。在关心和爱护别人的同时理解生活。

　　相信自己能够从叛逆中走出来，用快乐的心情迎接美好的生活吧！

第三节　走出成长的误区

一、"过度自卑"的危害

拥有自信心，对青少年的健康成长是至关重要的。

自卑心理人人都有，但是过度的自卑就会成为心理障碍，会阻碍人的正常思考，会产生不良的情绪反应。

自卑心理是很多青少年都有的一种心理。自卑心理常使青少年表现出异常的行为，如一个身体健康的男生说话会前言不搭后语，或者当着众人的面说话声音小得几乎听不见，或者故意大声说话，就怕别人不注意他。再如一个智力正常的学生，从不举手发言，但叫起来又能说出正确答案等等。

青少年自卑感的初期表现：喜欢独处，说话声音小，不希望被老师点名，不敢举手发言，胆小，不敢在众人面前讲话等。

自卑感的中期表现：封闭，表现出言不由衷的行为，故意搞破坏，聚众闹事等。

自卑感的晚期表现：出现极端的行为，甚至选择自杀，或做出危害社会的行为等。

自卑导致青少年缺乏勇气，阻碍身心的全面发展，不利于青少年的健康成长。

自卑心理是一种正常的心理现象。有些人因自卑变得杰出，就如同丑小鸭变成美丽的天鹅一样，而有些人因自卑变得更糟。有自卑感并不一定是坏事，只有正确认识自卑心理，正确处理自卑心理产生的不良情绪反应，才能使自己拥有健康的心态。

那么，如何摆脱不健康的自卑感？

①当自卑来自于性格的时候，要培养乐观的处事态度

人的性格一般分为内向型和外向型。虽然性格不能改变，但是经过努力性格是可以得到改善的。

对性格内向的学生要特别注意避免产生不良的悲观情绪，尽量使自己变得活泼、开朗，培养乐观的处事态度。

有个男生刚升入初一时，脾气特别急躁，他最怕别人说他不好，经常看见他与别人打架或吵架。出现这种情况的原因是学习差，朋友少，导致脾气坏，自卑感太强。后来经过说服教育，该生不仅学习成绩有所提高，而且朋友渐渐多了起来，打架的事情也逐渐消失，自信心有所增强。

这个同学消除自卑心理的方法：得益于老师的心理辅导，

改变了学习方法，广泛交友，及时自我批评，虚心接纳同学的意见和建议，渐渐被大家和自己认可。

②当自卑来自于身体差异的时候，要学会接受自己

世界上没有两个长得一模一样的人，因此，不要指望自己能和别人一样。试着接受和珍爱自己的与众不同之处，是一个人走向成功不可缺少的要素。每个人的身体都各有自己的特色，高低、胖瘦……不要和别人进行无谓的比较，任凭别人怎样评价也无关紧要，最关键的是要敢于表现自己特有的长处，若没有特长要培养特长。另外，在研究中我们发现，以学习成绩优异为自豪的资本，并且能够耐心帮助同学的学生，更能得到同学们的尊重。

改变由身体差异产生自卑心理的秘诀是：接受自己，提高成绩。

③当自卑来自于家庭状况的时候，要学会理解他人

青少年在家庭中的地位已不同于儿童。在儿童阶段，更多时候依附于父母。到了青少年阶段，心里已有了相对独力的意识，希望家庭成员和家庭经济状况能给自己带来荣耀。如果情况不是这样，这些学生就会觉得不如人，自卑心理油然而生。

改善由家庭状况带来自卑心理的方法是：学会理解父母，告诉自己不要因家庭经济收入低、父母离异、家庭成员有问题等事情产生自卑。有些事情可以选择，但家庭是无法选择的。换句话说，不是你想出生在什么家庭，就会出生在什么

家庭，不应该嫌弃父母。并且更应该刻苦学习，充分利用眼前的时间，为自己积累知识财富和精神财富，通过自己的努力改变家庭状况。

④当自卑来自于学习成绩太差的时候，要鼓足勇气，从失败中站起来

初中阶段学习成绩不好会导致自卑心理的产生，而且是青少年自卑的主要原因。学习成绩差的同学不用老师批评就已经很自卑了，经过几次考试，成绩差的同学很快地将自己从学习成绩好的同学中分离出来。

改变由学习成绩差产生的自卑心理的方法是：正视自己，承认自己的不足，改进学习方法，鼓足勇气，从失败中站起来。

多年的教学经验告诉我们：成绩好的学生有着共同的特点，就是做人稳重，学习非常踏实，上课认真听讲，认真完成作业，听家长的话，听老师的话，与同学的关系好。而一个调皮的学生如果真想好好学习，只需静下心来，像成绩好的学生那样刻苦努力，就会提高成绩，将自卑转化成自信。

青少年的自卑心理是一个非常重要的社会问题，已逐渐被各界人士重视。落后不等于失败，失败不等于灭亡。青少年不能因自卑而堕落，要有决心和勇气战胜自己。

相信自己，给自己加油吧！

二、摆脱"学习的困境"

文化课学习对于青少年来说是一件很辛苦的事情。一个会学习的学生在完成学习任务的同时，还要有意识地开发自己的内在潜力。更重要的是在学习各个知识点的过程中，培养自己的毅力、勇气和坚强不屈的精神，这对一个初中生来说是非常困难的。因为在各种能力培养的过程中，精神的培养不像体育锻炼那样，训练的项目是直观的、可操作的，文化课的学习是一个用思维控制意志力的训练，难度相当大。

在研究中我们发现，在不同的阶段，学生遇到的学习困难也不同，主要表现为：

初一第一学期为适应阶段。遇到的困难是不能适应中学阶段的学习方法、内容和学习进度，大部分学生仍采用模仿式的学习方法，缺乏逻辑思维能力……在这个阶段应该注意培养良好的学习习惯，并逐渐地适应这个时期的学习活动。

初一第二学期到初二第一学期为开发智力阶段。遇到的困难是不能适应拓展性的学习活动，常常表现为不能准确地理解老师讲课的内容，不能准确理解题目的要求，无法灵活运用知识，以"不懂""跟不上"为主要困难。在这个时期，应以培养智力潜能为主，观察老师处理问题的方法、思路和步骤，注意培养科学的思维能力和学习能力。

　　初二第二学期到初三第一学期为个性发展阶段。遇到的困难主要是没有形成自己独特的学习方法，在囫囵吞枣的状态中学到的是一知半解的东西，表现出似懂非懂的学习状态。学习困难首先是没有学习能力，没有充分开发自己的内在潜力，分析问题不周密，综合问题的能力较弱。其次，不会自学，不会使用教科书，没有探索问题的能力，不会迁移学习内容，没有独立研究问题的能力。因此，这个时期应该注意培养综合的学习能力。

　　初三第二学期为发展阶段，即灵活应用知识的阶段。这个时期遇到的最大困难是常常想不起学过的东西，但是只要被提示，就能顺利地进行下去。这个阶段，由于学科知识的综合性越来越强，需要有极强的记忆能力、综合能力、概括能力、快速的反应能力和思维能力。学生在学习过程中表现出的学习困难是没有深入思考问题的能力。常常因为缺乏坚忍不拔的毅力，不能主动地战胜学习压力和学习困难，不能运用综合能力解决多信息量的问题，不能系统地总结三年中所学到的知识。因此，这个时期要做好综合复习，注意培养应变能力和拓展能力。

　　研究发现，初中阶段学生遇到的学习困难常常表现为"四难""五少""六多"。

　　"四难"是难记忆、难理解、难接受、难应用；"五少"是兴趣少、乐趣少、动手操作少、应用少、可以拿来就用的知识少；"六多"是各知识环节的断裂层多、要求多、记忆多、习题多、考试多、知识点多。

只有掌握科学的学习方法，学习老师解决问题的思路，不断积累知识，才能从学习的困境中走出来。那么，如何才能使青少年掌握正确的学习方法，从学习的困境中走出来呢？

①培养自己刻苦学习的意识

大部分学生的学习活动处于被动的状态中，常常是以完成老师安排、布置的学习任务为学习目标，没有提高自己学习能力的意识，不注意积累自己的成功经验和失败的教训。因此，学到的知识如同被堆积在一起的"杂物"，随着岁月的流逝，这些"杂物"被遗忘、丢弃，失去了知识原有的巨大力量。但是当一个学生有了对学习能力的自我培养意识，就会在学习活动中的每一个细微之处，自觉地、有意识地注意积累自己的或他人成功的学习方法，及时纠正或完善学习方法和学习行为。这样做既学到了知识，又积累了学习方法和思考方法，培养了用科学的态度解决问题的习惯，同时为其他科目的学习创造了良好的条件，为今后面对人生的挑战奠定了坚实的基础。

②边学习边操作

"操作"的过程就是实践的过程，手过一遍胜过眼过千遍。在每一次的学习活动中，发现、探索有效解决问题的方法，从每一次小小的成功中发现经验，在每一次失败中找到教训，不仅要弄明白学习活动的意义、作用及经验和教训等，而且要在大量的练习过程中，灵活应用自己的发现和经验，努力避免再次出现同样的错误，边学习边修正，边学习边应用，边学习边积累。

③在积累和整理中灵活应用

只有不断地积累知识，才能丰富知识的容量。要善于总结获得的学习经验、体会等，并加以整理，有意识地将学习规律、学习技巧、学习经验等有效地应用到其他地方，并自觉、主动地分析困难、解决困难，从而提高解决问题的能力。

三、从"后进生的错觉"中走出

后进生通常表现为学习成绩差、有不良的思想意识、行为鲁莽、言谈粗鲁及做事不负责任等毛病。不仅如此，后进生对不良行为反应敏感，并随波逐流，没有抵御的能力。虽然他们的身上也有优点，但在更多的时候，缺点常常成为他们的主流，他们常常表现叛逆。另外，由于他们看不惯的事情较多，常常不由自主地产生强烈的抵触心理。

(一) 后进生的特点

通常一个后进生的朋友也是后进生。他们很容易走到一起，常常一个眼神或一个手势就能达成共识。他们几乎有共同的喜好，这也是他们有共同语言的原因。他们一般都不喜欢自己的家长、班主任，把学习成绩好的同学看成是无法交流的另类人。他们常常把扭曲的事情错误地看成是有个性，经常故意把自己弄得与众不同，以此证明自己与别人的不同，从而在别人的眼光中找到自己，找到自信，他们因此经常会受到家长和老师的批评。当受到批评时他们常常责怪家长、老师的批评这不对、那不对，常常要为自己的错误辩解，或干脆死不认账等，以此掩盖自己的错误。

但是，后进生几乎都是很聪明的学生。对事物有强烈的好奇心，精力旺盛，不知疲惫，但是这些优势不仅没有得到持续和巩固，而且这种优势也没有被有效地应用到学习活动中。

后进生具有很强的应变能力。在他们周围有许多诱惑他们的事情，一般情况下，这些事情是家长和老师不允许他们做的，但是他们无法抵御这些事情的诱惑，常常是先做了之后，再看结果。如果没有被父母或老师发现，这些不合理的事情就会不了了之，如果被发现，他们就会用假话搪塞家长和老师的询问，渐渐地学会了用假话来掩盖他们所做的错事，从而形成了很强的应变能力，与此相应的是，后进生的胆子几乎都很大。后进生常常表现出什么都不怕，有时就像着了魔一样地做一些不应该做的事情。虽然，事后常常表现出后悔的情绪，但是过不了多久，这种悔恨的情绪就烟消云散，忘得干干净净，继续做不应该做的事情，而且胆子一次比一次大，直到做出无法挽救的事情。

后进生最头疼的事情是学习，宁愿干活也不愿意静下心来学习，更有甚者，只要见到课本或看到文字、符号就会头晕。他们最喜欢的事情就是玩，不论玩的内容有多么无聊，他们也愿意参与进去。玩可以使他们不知疲惫，玩多长时间都可以，玩会使他们忘记了什么叫饥饿，在玩中他们可以找到一切快乐。

(二) 走出"后进生"行列

通常后进生的本质并不坏，只是在成长过程中，由于对自己要求不够严格，助长了许多不良习惯，就如同对一个身体非常健康的人来说，生病是一种正常现象，如果能够赶快治疗，药到病除，这样不仅有了抵抗力，而且身体会比以前更健康。如果不赶快治疗，在最初的阶段，只是身体上感到不适、不舒服，拖延则会导致大病降临。

后进生成长过程中的毛病，就如同一个健康者生病的初期，如果不能及时得到教育帮助，则成长过程就会陷入恶性循环中，使未来成长受到阻碍。战胜每一个毛病，都是一次成长中的进步，都是走向成熟的表现。

当然，改正毛病并不会像医治疾病那样直接、直观。医治疾病可以到医院找大夫，打针、吃药、动手术等都是可以直接感受到的。医治自身的毛病就不那么简单，不仅需要从多方面认识"毛病"给自身的成长带来的危害，还要认识到改正这些毛病需要付出巨大的毅力。只有从自身做起，发挥主观能动性，才能战胜自己，走出后进生的行列。

四、"无知谎言"中的危害

青少年说谎，大多数是为了保护自己，如掩盖自己的错误，或骗取家长、老师的信任。

在研究中，我们发现青少年中的说谎行为大致有两类："狼来了"式的说谎行为和"掩盖"式的说谎行为。

"狼来了"的故事是青少年都知道的。用欺骗、假话、空话等骗取他人的信任，这种行为就是"狼来了"式的说谎行为。这种说谎行为常会产生很强的害人、害己的结果。

在青少年的成长过程中，最让人担心的是"狼来了"式的说谎行为。由于青少年的生理、心理尚未成熟，认识肤浅，生活阅历还不丰富，极容易上当受骗，用说谎掩盖自己的错误，不仅可能害了自己，甚至有可能害了关心、爱护自己的每一个人。

"掩盖"式说谎行为是另一种常见的青少年说谎行为。有很多青少年说谎的原因多半来自于不能够勇敢地面对自己的错误、失败、挫折等。因为怕受批评，用说谎掩盖错误。其实，青少年犯错是一种正常现象，犯错的原因很多，比如明知是错，但是不能控制自己的言行；或不小心犯了错误；或由于胆怯从众，造成了不良的后果等等。面对这些错误，青少年常采用的错误方法是用谎言欺骗他人，达到自我保护的目的。正确的方法是应该向老师、家长求助，找到补救措施。

青少年在成长中所犯的各种错误都是可以理解的，保护自己的愿望也是正常的。由于对错误的认识能力较差，常出现错误的选择。如果你的小错误被掩盖过去，下次可能就会犯一个大错误。只有勇敢地面对这些错误，从自责中走出来，才能及时纠正错误，才能避免犯更大的错误。

学会从错误中吸取教训，是每个青少年必须牢记的人生真谛。在最初纠正错误时，需要得到长辈、父母、老师的帮助。

在犯了错误、做了错事时，要勇敢地面对这些错误，面对错误是为不再犯错误，勇敢地面对自己，才能战胜一切困惑！

五、辨析"从众心理"

从众心理是初二第二学期至初三毕业阶段初中生的普遍心理。

分析从众心理的利弊，我们可以看到"众"有好、坏之分。如果一个群体中的每个成员之间能相互友爱，相互团结，相互鼓励，具有合作精神，在这个群体中，每个成员的身心就都能得到良性发展，这个群体就是一个好的群体，是有利于青少年成长的群体。

当然，在青少年中还有另一种类型的群体，这个群体中的成员因为某种共同的困境走到一起，各成员在原有的困境中不思进取。这样的群体带来的是有害的影响。为了避免自己走入这样的群体，产生不良的从众心理，青少年应该注意以下三个问题：

①重视自我教育

通过学习不断积累经验，重视自我教育，增强辨别能力和判断能力，增强对不良行为的抵制能力。培养独立意识，对自己提出更高的要求。

②积极投入班级活动

在通常情况下，良好的班级环境有助于青少年身心的健康发展。只有积极地投入到班级的活动中，在班级的凝聚力、感召力的影响和带动下，逐渐地使自己融入班级，避免自己误入小帮派、小群体之中。

③经常运用心理暗示

运用心理暗示，提示自己把握正确的心理活动的方向和心理目标，正确对待别人的批评，搞好人际关系。经常对自己提出一些如"不要想着标新立异""不要盲目随大流""不要轻易从众"等，及时对自己进行心理暗示。

六、抵制"网络世界"的诱惑

正确对待上网是关系到青少年健康成长的大问题。树立健康上网、文明上网的意识是非常重要的。

有部分青少年在不知不觉中患上了网络成瘾综合征,这些学生如同病人一样忍受着综合征的折磨,感到非常痛苦。

患有综合征的学生初期的表现是对上网有兴趣,渴望延长上网时间。

患有综合征的学生中期表现出精神上的依赖,只有上网,才能缓解烦躁情绪,才能达到心理上的平静。

患有综合征的学生晚期的表现是每天必须长时间地连续上网,一旦停止上网,就会出现极度的破坏心理,更有甚者可能会出现自残、自杀、危害他人及社会安全等的现象。

(一)网络成瘾综合征的危害

虽然网络成瘾综合征不像真正的病毒那样侵害人的身体,但网瘾一旦形成,就会像慢性病毒一样危害人的身心健康,如视力下降、脊背肌肉老损、免疫力下降、大脑的原有记忆被洗劫一空、无法进行正常睡眠等。网瘾给学习、工作、家庭带来的危害更为严重。对于青少年来说,上网成瘾后,在迷恋中不能自拔,学习成绩急剧下降,出现逃课、旷课等现象。

美国爱得华大学精神病教授唐纳·布莱克说："无论对个人的影响，还是对社会生产力的影响，互联网成瘾问题比人们愿意承认的要严重得多，它极度影响着人们的身体和心理健康。"网络成瘾对青少年的身心危害更为严重，这一点是毋庸置疑的。

（二）治疗网瘾的方法

1.明确网瘾的危害，了解上网的意义

上网成瘾是一种可怕的疾病，可以毁灭一个人的未来。只有明确上网成瘾的危害，才能真正地医治这种疾病。网络的优点很多，它具有很强的刺激性和趣味性，它可以让人在虚拟的世界里超越时间的限制实现虚幻的梦想。但是网络就是网络，它不能完全替代现实生活。

上网的目的是为了拓展知识，开阔眼界，借助不断增加的信息量，提高对事物的判断能力。只有把网络看成一个快捷工具，才能使自己成为网络的主人，而不是成为网络的奴隶。不能把上网作为消磨时间、逃避现实生活或发泄消极情绪的工具。

2.制定上网计划

随着科学技术的发展，网络成了连接世界的载体，它能将整个世界全部展示在一个平台上。网络上的精华和糟粕，如同惊涛骇浪般地袭击着每一个网民。为了避免自己悄悄地消失在虚拟网络世界的"黑洞"里，上网之前必须给自己制定一个上网计划。如每周上几次，什么时间完成什么事情等，从而使自己的生活、学习、网上娱乐互不影响，互相促进。

3.限制上网时间

上网前先想好上网的任务，想好上网干些什么事，把要完成的任务写在纸上。经常上网的学生，一定有这样一个体会：在网络世界里，时间是飞快的。因此，假如你估计需要用40分钟上网，那么闹钟应该定在20分钟，到了时间看看你的任务进行了多少，还需要多少时间。若时间太长，就需要重新调整上网时间。

切记，上网不是生活，限定上网时间就是在抵制诱惑。

第四节 走向快乐人生

一、采用正确的方法获得同学的尊重

在观察中我们发现，在青少年成长阶段，很多学生有一个非常隐蔽的心愿，就是希望获得别人的尊重，但是却忽略了自己对别人的尊重，特别是成绩比较差的学生，更在意别人对自己的态度。在校园里我们经常可以看到，学生之间仅仅因为一个眼神，或一个不小心的碰撞，都会引发一些不必要的争执。

在很多的情况下，一个对自己要求严格、对他人尊重的人才能得到别人的尊重。特别是青少年，学会自我尊重，学会严格要求自己，才能获得老师、同学、朋友对自己的尊重。

有一部分学生自尊心很强，总希望得到同学的赞赏，又不知从哪里入手，就经常把自己打扮成另类，以唤起别人的注意。青少年如何采用正确的方法使自己获得别人的尊重？

（一）提高个人修养

如果你说话粗鲁，不懂礼貌，不懂得尊重人，爱搞恶作剧，不讲卫生，这样的人怎么能得到同学的尊重呢？要得到别人的尊重应当先提高自己的德性，做一个懂文明、懂礼貌的人，做一个会关心人、能理解别人痛苦和快乐的人，只有这样才能获得同学的认可。

（二）提高学习成绩

学习成绩是检查一个学生是否能严格要求自己的标志之一，也是一个学生获得未来良好发展的保证。在一般情况下，好的学习成绩会让人感到你是一个可以信任的人，同时也是一个有责任心、有头脑的人，所以学习成绩好的学生常常能得到同学的尊重和爱戴。努力提高自己的学习成绩是一种获得同学尊重的好方法。

（三）不断地增加兴趣和爱好

兴趣、爱好是学习的动力。在日常生活中，要不断丰富自己的生活体验，使自己能够拥有健康、快乐的生活态度。只知道学习而没有兴趣和爱好的人，是一个没有生命活力的人。学会充分发挥自己的特长，让自己的生活更充实。

（四）不断学习，不断努力

这里的"学习"是指广泛的学习，远远超过了课本上文化课的学习。青少年的每一天都是一个新的开始，不论你曾有过多么优异的成绩，这些都不能代表现在，更不能代表未来。曾有过的成绩只能是现在和未来发展的基石，当新的一天到来时，就意味着一切努力都需要从新开始，从零做起。为了不让自己退步，应该天天付出努力，保证自己每天都进步，然后再飞跃前进。只有这样，才能位居前列，才能真正地获得同学们的尊重，甚至有可能成为同学们的榜样，成为大家的楷模。

（五）不断地反省自己，取他人所长，补自己所短

在青少年前进的道路上，成为绊脚石的常常是自己的坏习惯、坏毛病，它们就如同人体的寄生虫一样破坏人的身体。为了能使自己进步，经常反省自己的所作所为，检查自己的缺点和不足，自觉地纠正自身的毛病，改正缺点，扫清前进道路上的绊脚石。这样做不仅能使你获得同学、老师的尊重，而且还能提高你做人的品质。

二、勇敢地面对挫折

在研究中我们发现，对于青少年来说，在学习、生活中勇敢地面对挫折是一件很不容易的事情，需要很强的内动力。

青少年的受挫感常常来自于很多方面，如受到父母的指责，或常常被自己的不足之处触及自尊心，或自己想做的很多事情总不随心所愿，或同学总是"背叛"自己，或受到的约束太多……

面对挫折，如何拥有积极的处事态度，使自己能够战胜各种不良心理干扰，成为一个乐观向上、做事认真、考虑问题周全的人呢？

首先，稳定情绪。面对失落，应该学会稳定自己激动的情绪，学会分析受挫的原因，用积极的态度对待自己的失落，尽快地消除悲观消极的情绪。

稳定情绪的方法：①慢慢地、深深地吸气，心里默默地从 1 数到 10，使肺活量达到饱和状态。呼气，心里默默地从 1 数到 10，使肺中气体彻底排出，重复这个动作四遍。②心理暗示。用自己的信条提醒自己："不要失去信心"，"没关系，下次我一定做得更好"，"世上没有常胜将军"，"失败是成功之母"等。

其次，掌握宣泄不良情绪的方法。一个人生活在群体中，一定会遇到各种各样的不如意，如吃点亏，承受一些痛苦，有一些失落等，都是正常现象。人与人的交往过程中，不可能事事都随自己的心意，要学会换个角度想一想，站在他人的位置上考虑问题，这时你所感到的痛苦、失落和烦恼就会烟消云散。换句话说，就是要宽容、体谅他人，接纳他人的优点和缺点，学会关心、理解、帮助、保护他人，接受现实。学会为自己和他人创造和谐、融洽的人际气氛。

面对种种挫折，采用正确的方法，消除受挫后带来的烦恼是非常重要的。

常见的行之有效的方法有：

①倾吐。将自己的烦恼、痛苦、不如意的事情讲给信任的人听。倾吐的目的不仅是为了找到解决问题的方法，更主要的是为了内心的平静。你最信任的人应该是你的父母、老师、同龄人中的朋友等。

②降压。常见的降压方法是用理智强迫自己在最短的时间里冷静下来，理智地分析原因和事态发展的趋势，确定应采取的态度和处理问题的方法。或痛哭一场，还可以大声吼叫，把内心的愤怒释放出来。

③转移。将烦恼、痛苦、不如意的事情扔在一边，不去理睬这些不愉快的事情，做感兴趣的事情，或最有可能成功的事情。也可以离开使自己不愉快的环境，进入到一个新的环境，借此缓解情绪的紧张、不安。

④升华。面对挫折不悲观，不气馁，将失落转化为前进的动力，用行动证明自己的价值。不被眼前的得失困扰，放眼未来。

培养勇敢承受挫折的能力，对自己身心的健康发展是非常重要的。生活本身就是在不断接受挫折的过程中积累起成长的经验。

三、勇敢地正视烦恼

如何正确地面对烦恼，是每个青少年应该认真思考的问题。

随着年龄的增长，学生会逐渐地产生"自己做出选择""自己做出决定""不能再依赖家长"等心理需求。但是，由于实际生活中遇到的障碍，造成"讨厌""烦躁""厌烦"等不良心理，用学生的话说就是一个"烦"字。这种消极情绪会给青少年的健康成长带来不良的影响。

由于受到年龄限制，学生缺乏一定的生活阅历和实践经验，缺乏对事物全面、正确的认识，青少年心中产生各种各样的烦恼是一种正常的心理现象。

学会处理"两难"问题。青少年经常会遇到两难境地，不知道如何去解决各种困惑，不知道如何做出取舍，不知道应该采取哪种合理的行为，不知道如何把握"度"。因此，面对"两难"问题，首先要稳定自己的情绪，不要急躁，不要恐慌，要自信。其次，要制订解决问题的计划，确定先做什么，后做什么，做到什么程度。最后，想出补救措施，设想事情最坏的结果，确定补救的方法。这时，你就可以放心地做，成功时，总结经验；失败时，吸取教训，不要怕失败。

学会理性思考问题。人在烦恼时，常常会感情用事，做出失去理智的事情。这时，一定要逐渐学会用理性思考问题，不要感情用事。而且还要学会倾吐，将自己的烦恼述说给家长、朋友、老师，以获得他们的帮助或理解，同时也要学会倾听家长、朋友、老师善意的劝说，不要我行我素。在成功与失败中，既要学会借助他人的教导和力量消除烦恼，也要学会依靠自己的智慧和力量消除烦恼，使自己能够潇洒地面对烦恼。

学会接纳自己。正确地对待自己所遇到的各种烦恼和困惑，坦诚地接纳自己的优点和缺点，客观地评估自己，自我调节，勇敢地经受各种困境的考验。在接触现实生活，以及面对自己的烦恼时，采用积极热情的态度迎接各种挑战。一个能在逆境中健康成长的人，才能真正品味生活的意义，才能承担社会的重任。

学会调节自己。每个人都是根据自己的价值观念调整自己的生活方式，用自己的人生信念评价得失，衡量快乐与痛苦。这种价值观和人生信条具体反映在人的行为上，如果这些准则太绝对或使用不当就会产生烦恼、焦虑或不安。青少年应当学会及时检查并调整自己人生准则的界定标准，从而减轻由此带来的一系列情绪上的不良反应。

很多事情并不是非此即彼，千万不要绝对化，达到目标应该快乐，达不到目标也不应该过于难过，相信自己，调整与自己能力相一致的目标，增强对失败的耐受能力。

烦躁时，做做放松操。情绪的好坏直接影响到学习的质量和学习成绩，情绪高涨的学生会有积极的学习热情，而情绪低落的人会无精打采。不良情绪必然会影响做事的态度，会使自己经常感到疲惫、苦恼、烦躁等。让自己有个好心情，放松自己，才会取得良好的学习效果。按照下面的方法可以缓解内心的烦躁，你不妨试试看效果如何。

先让自己坐端正，坐得舒适些，然后闭上眼睛，两手自然地平放在腿上。

第一步：慢慢地深深吸进一口气，保持一会儿，心里默默地从一数到五。再慢慢地呼出这口气。

再来一遍。

第二步：向前伸直双臂，紧紧地握住拳头，注意力全部放在手上，心里默默地从一数到五。再慢慢地将手指伸直。

再来一遍。

第三步：两臂侧平举起，然后弯曲双臂，用力弯曲绷紧双臂的肌肉，保持一会儿，心里默默地从一数到五。再慢慢地放松，彻底放松。

再来一遍。

第四步：注意力放到脚上，将脚趾抓紧地面，用力抓紧，心里默默地从一数到五。再慢慢放松，彻底放松。

再来一遍。

第五步：两腿伸直，脚尖用劲向回钩，脚跟向下紧压地面，绷紧小腿上的肌肉，心里默默从一数到五。再慢慢放松，彻底放松。

再来一遍。

第六步：用力紧闭双眼，从一数到五，然后睁开双眼。

再来一遍。

第七步：慢慢地转动你的双眼，从上到左，从左到下，再从下到右，最后从右到上，尽量向上、向后、向下、向前，转两圈后，再反向转两圈，彻底放松。

第八步：慢慢地转动你的双肩，从前至后，再从后至前，尽量向上、向后、向下、向前。边转动，边数节拍，从一数到四，再从四数到一，然后放松，彻底放松。

再来四遍。

第九步：自然闭合双眼，身心放松，彻底放松。

第十步：睁开双眼。

让自己拥有一个快乐的心情，你就拥有了一切！

只有勇敢地面对困难，才能乐观地应对人生的考验。相信自己的能力吧，一切烦恼都会退缩。

四、注重个人修养

青少年在成长阶段所面对的巨大生理变化，必然会引发焦虑和困惑，有时会心慌、急躁、失眠、心烦等。面对生理变化带来的困惑和焦虑，青少年可以通过了解一些生理和心理的知识，加强个人修养，以积极的心态面对成长中出现的问题。

（一）女生的个人修养

进入初中阶段的女生，由于生理变化引起一系列的心理变化，在更多的情况下表现出胆小、自卑、缺乏自信……这个时期的女生应该特别注意培养自己，要不断发挥自己原有的优势，还要有意识地变劣势为优势，因此，需要从以下三个方面进行自我培养：

1. 从日常言行上培养自己

当这个年龄段的女生意识到自己在悄悄长大时，就会表现出明显的变化。根据性格特点的不同，一般可以把女生划分成三种类型。

第一种类型：典雅型

这种类型的女生不张扬，与男生交往比较慎重，在男生面前很稳重，言谈举止有分寸，表情自然，能做好自己的事情。

这种类型女生的行为举止，是每个女生学习的楷模。

第二种类型：包藏型

这种类型的女生，很害怕与男生交往，在言谈举止上表现得慎之又慎，很少与男生说话，很少与男生共同做事情，就怕别人注意到自己，把自己隐藏得很好，自己的事情从不与他人交流，别人也不知道她的情况，甚至会出现大家都在同一个班上，却很少能想起与她相关的事情。

这种类型的女生在今后的日常生活中，应该放松自己，勇敢面对一切，大大方方地展示自己的优势。

第三种类型：外显型

这种类型的女生很张扬，大声说话，唧唧喳喳，就怕别人不注意自己，表现出她能指挥一切男生，或者男生很听她的话，实际情况如何她很少考虑，很早就开始大胆与男生交往。

在很多情况下，第三种类型的女生是很危险的。她们只与自己同类型的女生谈论自己的隐私，很少与自己的父母、老师交流谈心，并且她们很容易结成"死党"。这些女生大多数都有早恋现象，会成为"问题女生"。

这种类型的女生应该严格要求自己，注意自己言谈举止的分寸，不随意放任自己，恰到好处地施展自己的长处。

有意识地培养自己，是女生在青少年阶段最重要的修身功课，这一时期奠定的成长模式，决定女生以后成为什么样的女性。

2. 从服饰上培养自己

到了中学，不论是男生还是女生，各个方面都在悄悄地发生变化，包括对服装的挑选也发生着明显的变化。在小学最明显的就是不讲究穿着，只要保暖就行，父母给什么就穿什么，从不挑三拣四。大约从初一第二学期以后，女生首先开始表现出讲吃讲穿，非常在意"人流"，不吃这不吃那，这个穿了不好看，那个穿了不漂亮。

一般情况，从穿着上就可以判断女生的状态。一个爱穿出个性的女生，一定是一个大胆的女生。对于一个爱打扮的学生，好的一面是比较早地建立了审美意识，不好的一面会误导学生将精力放在外表上，影响学习。

因此，这个时期的女生应该穿着朴素，落落大方，这样才有益于女生的成长。

3.培养自己的个人修养

这个年龄段的女生应注意个人修养。女生到了十几岁，开始有了成人女性的特征。作为女生，不仅要学习文化知识，还要学习女孩子的礼仪，使自己成为一个有知识、有文化、有涵养的女性。

有些女生在公共场所大声喧哗，经常用怪怪的声音喊叫，故意引起别人的注意；坐着的时候两腿叉开；涂脂，描眉，画口红；与男生打打闹闹，推推搡搡，你来我去；酷爱收拾打扮，爱穿、敢穿奇装异服；经常让人感到她不同于大多数女生，爱搞特殊；爱展现或张扬自己的个性等等，这些都是与年龄不相符的表现。和谐是一种美，不和谐就是一种难以掩饰的丑。

女生应该是美的使者。在日常生活中应注意展示自己的文化修养和内涵，学会体现和谐之美。

(二) 男生的个人修养

男生特别需要学会管理自己，只有这样才能成为优秀的中学生。

随着年龄的增长，知识的不断丰富，很多男生自我意识极度膨胀：有一点能力时就会认为自己很了不起，无所不能；有点勇气时，就认为自己可以承担一切。特别是进入初二以后，男生比女生更彰显自我意识，这个时期，男生应该注意培养自己的良好品德。

1.学会接纳自己

学会接纳自己就是承认和欣赏自己。由于生理的变化，使得每个人的形体、外貌等都发生着巨大的变化。有一些男生可能由于太高或太矮、太胖或太瘦而变得不喜欢自己，特别是当自己没有吸引人的外貌时，经常感到自卑。因此，正确地认识自己是非常必要的。人首先要学会泰然自若地对待自己的外貌，不与他人相比，不埋怨父母，更不怨恨自己，只需对自己说："嘿！我喜欢我这个样子！"接纳自己的长相。要明确在杂志、广告、电影、电视屏幕上所看到的"帅""酷"的形象并不是普遍存在的，他们仅占微乎其微的比例。了解每一个人都有自己独特的美，努力发现自己独特的地方，并以此为荣。欣然接纳自己是有信心的表现，不断地加强自我修养，提高和完善自己的内在素养。协调内在和外在的差异性是理智的表现。

2.正确认识"性"

很多男生在进入初中之后，最大的困惑来自性的逐渐成熟。常常会因此吃饭不香、心神不定，会在不知不觉中放任自己的不良行为，如由偷偷摸摸地抽烟喝酒变得大大方方，由纪律涣散变得无组织无纪律，随心所欲。不仅直接影响了学习活动，更有甚者部分男生会放弃学校教育。

男生的性困惑主要来自于男生的生殖器逐渐发育成熟以及出现的多次遗精现象。男生发现生殖器会勃起，特别是每天临睡醒时勃起，或随意识勃起。另外，遗精也会引起一种特殊的情绪体验。作为男生应该明白上述现象是男性生理的自然现象，不用对此深感疑惑。遗精是一种非常正常的生理现象，大部分青春期男生，只要身体健康，均会出现遗精现象，有时可能会每隔1～2周，有时可能会1个月左右出现一次遗精。从生理学的角度讲，遗精可以缓解性压力，使生理发展达到平衡。

男生的性知识很少从父母、老师那里获得，大多数是通过听课、讲座、看展览、阅读有关书籍、看有关影视片、与同学交谈、聊天等方式接受到模糊的性知识。因此，正确的和不正确的，好的和坏的，有益的和无益的都会被吸收。

青少年在年龄增长的同时，应该注意培养正确的性认识，明确性行为不仅涉及个人的生活，而且对社会、他人都有直接的影响。明确性愿望与爱不是同一回事，抵制"黄色公害"的诱惑，培养自己良好的性适应能力和性控制能力，使自己既能应付复杂的社会关系，又能培养正确的、成熟的爱情观，防止自己性越轨行为的发生。

3. 学会自我教育

在很多的情况下，由于性别特征，男生的心理困惑显得更加严重。很多男生不愿意将自己的心理困惑说与他人听，喜欢在自己的琢磨中处理。因此，学会进行自我心理疏导、自我教育是非常重要的，这体现在以下几个方面：①学会自我调节，适应环境的变化和发展。②树立寻求发展的意识，充分发挥自我的主动性和创造性，以主人翁的姿态积极融入大众生活。③学会同异性正常交往，建立正确的交往意识。④学会掌握控制、表达、发泄情绪，通过适当的渠道和方式消除消极情绪。⑤逐渐确立负责任的、积极进取而又豁达的生活态度。⑥逐渐养成整洁有序的生活习惯。⑦正确了解休闲生活的意义，建立正确的休闲观念，增进休闲活动的兴趣，掌握休闲活动的知识和技能，学会安排自己的休闲时间。⑧培养社交活动的兴趣，掌握人际沟通的技巧，敢于表达自己正当的要求和不同意见。

五、青少年不同阶段的品质培养

(一) 初一阶段学生应该具有的品质

在青少年的成长过程中，良好的品质是可以培养出来的。初中三年的生活，不仅学习文化知识，也是培养良好品质的最佳时机。一般情况下，一个能够配合老师、家长教育的孩子，很容易形成许多良好的习惯。过了这个成长阶段，再想培养好的习惯就比较困难了，需要靠外力的作用和坚强的毅力了。长大后再想培养良好的习惯往往是被"强逼"出来的。

因此，只有在平时的日常生活、学习、社交往来等活动中，注意培养良好的行为，并有意识地将这些行为形成习惯。良好的习惯使人受益一生！

虽然初一学生表现出的心理活动还具有一个小学生的特点，但是由于年龄、知识量、心理承受能力都在悄悄地发生变化：

1. 拥有适应新环境的能力

在一个新的、陌生的环境里，学生都存在过渡时期的恐惧心理，因此，学习适应新的环境，拥有适应能力是非常重要的。适应能力主要表现在：能顺利地接受老师、家长的细致管理，能适应各种严格的规章制度，能正确地理解老师、家长的关心和帮助，能用感激的心理接受老师、家长的批评和教育，能主动地纠正小学遗留的问题等。

2.拥有自我管理意识

初一学习阶段里，大部分学生已经有了收敛自己小学毛病的意识，决定开始以崭新的面貌进入新的生活，但是由于自我管理能力很弱，仍然会表现出自身的弱点，甚至还会出现新的毛病。因此，学生应该在家长、老师及时的帮助下认识自己，逐步学会自我管理，做到有错必纠，约束自由散漫的行为，不断提高自我管理能力。

3.拥有培养良好学习习惯的意识

初中教育是小学教育的发展，同时又是一个新的开始。在初一第一学期，青少年对自己提出的目标应该细致、全面、可行性强。学会严格按照老师的要求，认真完成每一项学习任务，培养自己一丝不苟的学习态度和刻苦钻研的学习精神。学习方法由模仿性学习逐渐向探究性学习过渡，这是养成良好学习习惯的最佳时机。

4.拥有配合接受父母管理的意识

在学校教育中，老师会提出许多新的要求，但是到了家里，很多学生就会把老师的要求忘得一干二净，这时，父母的帮助对学生的发展显得尤为重要。但是，我们发现从初一开始，青少年与父母管理之间的矛盾日显激烈，常常会出现家庭教育、学校教育不和谐的现象。所以在家庭教育中，能顺利地接受父母管理的学生，才能获得全面的发展。

（二）初二阶段学生应该具有的品质

在研究中我们发现，学生进入初二以后，由于多种原因，学生被无形地划分开来，我们把初二阶段的学习生活叫做学生的"分水岭"。换句话说，能够跟得上初二成长发展进度的学生，以后的发展就会比较顺利。如果跟不上整体的发展趋势，就会对未来的发展造成障碍，会逐渐地走下坡路。进入初二阶段，不论是家长还是学生本人，都应该注意，不仅要刻苦学习，还要学习做人，培养自己的优秀品质，为以后的发展奠定良好的基础。

作为初二的学生，不仅要使自己拥有更多的优秀品质，还要与家长、老师一起参与到培养自己的整个过程中。应该注意从以下几个方面培养自己。

1. 学会用辩证的方法拓展思维

学会用辩证的思维方法来分析成长中遇到的问题。每一次的心理变化，每一次的心理冲击，都是成长过程不可缺少的心理体验。用科学的眼光看待每一次体验，你会发现每一次都会有新的进步和发展，这是成长中必不可少的思想认识过程，是一种蜕皮式的痛苦和新生的过程。

只有用辩证的方法看待事情，才能提高自己认识问题的能力。

2. 确立正确的人生目标

从心理发展的历程来看，只有在这个阶段进行理想教育才是最佳时机。我们曾在不同的年龄段分别进行理想调查，调查结果是初一的学生还没有产生这个意识，初二的学生比较朦胧，处于萌芽状态。因此，在学生进入到初二阶段时，及时进行理想教育是最难得的机会，也是学生重新认识自己的开始，又是学生进行自我教育的开始。

3. 学会识别正确的行为

行为能力决定了每个人的发展程度。由于独生子女的现实问题，青少年本该自理的很多事情大部分由成人替代完成，这使得青少年的行为能力极弱，如果没有成人的帮助或参与，事情很难顺利完成。到了初二阶段，由于行为能力增强，极容易受到外界不良行为的干扰。因此，在这个阶段注意培养青少年的各种行为能力是非常重要的。

4. 树立自尊自爱的意识

由于初二阶段是青少年思想波动最大的时期，也是学习最难的时期，是放弃自己，还是继续努力；是不断自我教育，还是放任自己，不求上进，这都以问题的形式出现在青少年面前。一个懂得自尊自爱的学生才能天天进步，才能获得健康成长的体验。另外，在与大家和谐相处的过程中逐步学会对自己、对他人的定位。这些都是成长过程中必须面对的一些问题。只有自尊自爱的学生，才会爱别人、尊重他人。

5. 学会做一个快乐的学生

学会做人，学会学习是青少年的两大任务。面对艰巨的学习任务，只有鼓足信心，战胜每一个困难，全身心地投入到课堂学习，努力做一个会学习、会玩、身体好的学生，才是一个快乐的学生。

(三) 初三学生应该具有的品质

初三阶段是青少年成长的关键时期，它不仅是初中生活的结束，而且是高中生活的开始，它具有承前启后的重要作用。作为初三学生必须确信，只要在学习知识的过程中，不断提高自己的认识，不断改善自己的行为，就一定能使自己成为优秀的中学生。人的心理活动离不开认识事物的能力，当认识能力提高了，处理问题的能力增强了，心理困惑自然消失，就会有战无不胜的感受。那么，初三学生具备哪些品质，才能使自己成为优秀的中学生呢？

1.具有认识自我的能力和乐观的人生态度

如果每个人对自己的优势和劣势不了解，对自己的性格特点认识得不够准确，在遇到挫折和竞争时，就会很容易心理失衡。只有正确认识自己、勇敢地接纳自己才是排除一切困难的关键。因此，看到自己的长处和短处，学会扬长避短，才能培养乐观、健康的人
生态度，才能积极应对各种困难和挑战。

2.具有一定的人际交往能力

有些学生不会或不敢与人交往，表现出不耐烦或不情愿与人打交道，不愿在人面前讲出自己的心里话，造成自己孤

僻苦闷、固执偏激，以至最后成为不受大家欢迎的人。改善这种局面要逐渐学会恰当地应用语言和非语言形式表达自己的观点、愿望和需要，避免同学之间产生误解和猜疑，使自己与他人之间形成和谐的人际关系，结交更多的朋友。

3. 具有平和的心态，会缓解内心的压力

如果不能及时控制自己的不良情绪，遇到困难和矛盾时又不会调节自己的心态，就会出现更多的烦恼和心理冲突，从而使自己的情绪受到更大的挫伤。因此，学会缓解内心压力，学会宣泄自己的情绪、放松自己，这样才能保持心理平衡，才会有良好的心态，才能在遇到困难时做出冷静而有理智的决定。

4. 能够换位思考，共同合作

目前，90%的青少年是独生子女，在家庭中的地位特殊，受到长辈及父母过多的呵护，导致一些青少年养成了只关心自己、只顾及自己眼前的学习和生活，对他人的事情漠不关心，不懂得理解他人，不懂得关心他人。所以，常常使自己和他人处于紧张的关系之中。学会换位思考，在理解自己的同时，学会理解别人的情感、情绪，在相互达成共识的基础上，相互帮助，共同合作。

5. 具有较强的学习能力和坚强的意志

学会学习，使自己拥有高效的学习能力是战胜一切困难的最好方法。在学习过程中，不仅要学习如何提高自己认识问题的能力，还要学习如何承受挫折。不仅要学会在成功中获得成功的经验，而且还要学会在失败中汲取失败的教训。学会如何勇敢地面对困难，如何使自己更坚强。

6. 具有较强的自我管理能力

自我管理能力对一个人的成长是非常重要的。人在成长过程中会遇到许多成长障碍，会直接面对许多不能理解的人或事，以及心理困惑，也会让自己的行为、理智、情绪、情感等在不知不觉中失控，会不由自主地产生不良心态。因此，只有学会控制自己的情绪、行为、心态的人，才能把握自己的命运，才能使自己成为优秀的中学生，才能为将来的发展奠定坚实的基础。

具备上述品质，将会使自我的发展呈现一种良好的态势，为未来的发展奠定下扎实的基础。

第四章
DISIZHANG

解读青少年各阶段的心理及行为特征

JIE DU QING SHAO NIAN GE JIE DUAN
DE XIN LI JI XING WEI TE ZHENG

＞＞＞

第一节 解读青少年心理

在研究中我们发现，青少年的心理变化有自身的特殊性。根据学生各方面的变化规律，以及学生的成长特点，我们可以将学生在初中三年的成长划分为四个阶段，在不同阶段里，结合学生的不同心理需求，制订出不同阶段的教育重点，实施不同的教育内容，从而达到因人施教。

学生在初中三年期间的成长状况、心理发展，大致可划分为以下四个转化阶段：

第一阶段：初一第一学期，为新生适应阶段，这个阶段应该以培养良好的习惯为主要教育内容。

第二阶段：初一第二学期至初二第一学期，是儿童心理向青少年心理转变的时期，这个阶段应该以排除心理干扰为主要教育内容。

第三阶段：初二第二学期至初三第一学期，是学生确立正确的自我意识的关键时期，这个阶段应该以培养科学辩证的观点认识事物为主要教育内容。

第四阶段：初三第二学期，是青少年形成精神体验的关键时期，应该以培养永不放弃的精神为主要教育内容。

只有针对不同阶段的心理变化，有效地实施家庭教育和学校教育，才能真正地帮助青少年树立正确的人生观，为将来健康的发展奠定良好的基础。

一、解读初一第一学期的学生

对于初一第一学期的学生而言，他们仍具有小学生的思维特点和行为表现，这一时期是小学生过渡到初中生的关键时期，通常情况下，新生的适应期一般需要一个学期。

（一）主要的心理特征和行为表现

这个阶段虽然只有一个学期，却是形成初中生良好行为习惯的关键时期，认识这个阶段学生的成长特征，才能有助于学生顺利地向初中生活过渡。这个阶段的青少年主要心理特征和行为表现在以下四个方面：

1. 在依赖老师和家长的同时，开始尝试自主行为

初一第一学期的学生，仍然具有小学生的言行举止，在学习、日常生活、对事情的选择上都明显表现出对家长和老师的依赖。当老师和家长帮他们做出决定后，他们又不能完全执行，开始悄悄地尝试着用自己的方式处理面临的问题。

2．在展示自己的同时表现谨慎

在调查中我们发现，大约近95%的新生对新环境产生恐慌，使他们做事小心谨慎，有意识地收敛自己的行为。同时他们期望给老师留下好的印象，在同学中有威信。基于此，他们会担心小学曾有过的不良表现会被现在的老师和同学知道，因此，在日常行为活动中表现得非常谨慎。

3．由于独立思考能力很弱，学习活动仍以模仿为主

进入初中后，由于思维方式、行为习惯等都仍保持小学水平，缺乏灵活的思维能力，对老师的一句话、一个指令、一个要求的理解常常不准确或不到位，虽然进入了初中，但是模仿式学习仍然是主要的学习方法。

4．自我意识的萌发

对于大部分新生来说，有一个明显不同于小学阶段的心理，就是认为自己长大了，如果不能完成老师布置的任务，特别是班主任的委任，会认为是一件很丢人的事情。他们喜欢老师给自己安排任务，觉得又新鲜、又好玩，这不仅在自尊心上得到满足，而且在完成任务的过程中获得了自信，他们因此在同学或家长面前炫耀自己的能力，但很少考虑任务完成的质量如何，只在这个过程中确认自己被老师、同学、家长重视的程度。他们最担心老师对自己另眼相看，希望得到重视，希望为老师做更多的事，希望得到同学羡慕的眼光。因此，在这个时期，不论是家庭教育，还是学校教育应该以

表扬、鼓励、帮助、指导为主要形式，引导学生保持良好的心态，帮助学生树立正确的自我意识。

（二）明确这一阶段的主要任务

虽然新生的适应阶段只有一个学期，但是对于他们形成良好的习惯却是非常重要的。习惯可以塑造和培养人，良好的习惯使人受益一生，不良的习惯害人一生。所以，在这个阶段中，家长、老师有责任帮助学生树立正确的认识观，为青少年顺利地接受初中教育做好准备工作。

1. 学会倾听才能顺利地接受教育

在这个时期学生开始变得自主，渐渐地出现了不愿听家长、老师话的表现。其实，学会听老师、家长的话，会受益一生。因为在注重老师、家长对自己评价的过程中，会不断纠正自己成长中的偏差；在希望得到老师较高的评价中，会主动地给自己提出较高要求；在观察老师言行举止的过程中，会不断地学会适应新环境。一个会倾听别人讲话的学生，才有可能顺利地接受良好的教育。因此，对一个学生而言，不论何时何地，学会倾听是一种非常重要的能力。

2. 有意识地培养良好的习惯

良好的习惯对一个人的成长是非常重要的。人的行为方式、思维方式等都受到习惯的影响。由于这个时期是学生自主行为形成的初期，也是培养良好习惯的最佳时机。因此，初一第一学期的学生在控制自己行为的同时应尽量学会展示自己的优势，对小学阶段出现的毛病要尽力克服、收敛，尽力学会服从老师、家长的管理。这种"尽力"，一方面体现了个人进步的愿望，另一方面在服从的过程中获得健康的成长。

3. 提高模仿学习的准确度

模仿学习是各种学习活动的基础，也是初中阶段主要的学习方式，只有提高了模仿的准确度，才能提高学习的效率和质量。在今后的学习过程中，由于学习内容不断增多，在模仿的过程中，注意的焦点增多，同时还有部分创新性的学习。因此，从这个时期开始，在每个学习环节中注意提高模仿式学习的准确度是非常重要的。要耐心接受适应阶段中各种变化的考验，细致地体会这个阶段的学习方法，逐渐提高自学能力。

二、解读初一第二学期至初二第一学期的学生

这个阶段是初中生成长的第二个转折期。在调查中我们发现，近90%的学生心理困惑剧增，小学的知识、认识能力已不适应目前的行为活动，而且随着成长过程中频频出现的心理困惑、生理困惑，导致不能顺利地接受学校教育。了解这个阶段青少年的心理特征，有助于家庭教育、学校教育的顺利进行。

(一) 主要的心理及行为表现

在研究中我们发现：初一第二学期至初二第一学期阶段是学生心理活动最复杂、最剧烈的时期，也是小学生心理向青少年心理转轨的关键时期。主要表现在以下五个方面：

1. 由于认知范围不断地扩大，心理困惑明显增加

在这个时期，学生的智力发展水平基本达到了50%，能通过自己的眼睛、耳朵、肢体认识外部世界，能简单地回答"是什么？""为什么？""怎么办？"能用自己的大脑思考一些简单的问题，能进行简单的逻辑思维活动。这个时期的学生由于认知范围不断扩大，表现出"聪明能干""考虑问题多""爱思考身边事和人""善言巧辩"等现象。这些现象导致心理活动范围扩大，随之出现了想知道的事情最多、想问的问题最多、心理困惑最多、心理矛盾最多、情绪波动最大的成长特点。

2. 由于生理上的巨大变化，使心理发展不断受阻

这个阶段不仅是学生心理的转轨期，也是生理发生巨大变化的时期。这种巨大的变化大约持续到初三第一学期结束，身体和心理的发展才将处于暂时的稳定状态。因此这个时期的学生常常会处于不明的心烦气躁与焦虑状态中。这是一个人从儿童向青少年过渡时的必然现象，老师、家长和同学之间都应该对此现象有一个正确的理解和认识，并及时给予帮助。

3. 由于认识的片面性，缺乏准确的判断能力

这个阶段与第一阶段明显的不同是学生的认识能力有所提高，所以常常表现出固执己见，喜欢与人争辩，常感到不安、焦虑、害怕、对事情极度敏感……情绪表现得亢奋，或焦躁、消沉，从而难于对事情做出准确判断。由于缺乏准确的判断能力，所以随之出现了轻度的人格异常，如自卑、虚伪、怯懦、孤僻、依赖、敏感、多疑、敌对、嫉妒、退缩、消极等，从而影响了青少年心理的健康发展。

4. 由于不良的心理干扰，对学习的意义缺乏正确的认识

这个阶段学生的接受能力有了明显的提高。学习态度端正的学生有能力进行文化课的学习，并能取得良好的学习成绩。但是，由于各种心理干扰，大约有80%的学生，学习兴趣减弱，学习成绩远不如小学优秀，而是把主要的精力放在了适应周围环境的变化、改善心理困惑和调整各种认识的活动上，从而忽视了课堂学习，认为学习仅仅是写作业、听课、考试。

5. 由于家庭教育滞后，使学生与家庭的矛盾激化

大约有90%的家庭，在这个阶段感到家庭教育难施行，这是一种正常现象。家长基于有限的精力，没有时间耐心地帮助自己的孩子。另外，随着学习内容越来越难，很多家长没有能力在学业上辅导孩子。最关键的原因是很多的家长还没有意识到青少年的教育需要科学的方法，需要不断地与学校配合，以帮助和引导学生健康成长。

（二）明确这一阶段的主要任务

在研究中我们发现，这个阶段是学生成长过程中最艰难的时期，也是最关键的时期。有什么样的心理，就会产生与其相匹配的认识，然后映射出相应的言行举止。拥有良好的心态，就会使学生顺利地接受各种教育。因此，不论是家庭教育，还是学校教育，使每个青少年拥有健康的心理，才能为他们身心的健康发展提供必要的保证。

1. 建立和谐的成长氛围

青少年成长的氛围，主要是家庭氛围和学校氛围，营造氛围的人主要是家长和老师。

不论在学校还是在家里，和谐的氛围不仅能开发每个人的内在潜力，还能给予一个人平稳的心态，特别是这个年龄段的学生，老师的关心、父母的体贴可以使烦恼烟消云散。当然这种关心和体贴是指广义上的关心、体贴，即不仅是生活上的关心、体贴，更重要的是青少年需要得到成年人的理解、宽容，需要一个属于他们的自由空间，在这个空间里他们可以犯错误，也可以自由地反省自己的错误、品尝自己的成功、保留个人的秘密等等，只有在这种状态下，才能获得有助于学生成长的和谐环境。

采用粗暴的教育方法，平时疏于管理，出了问题则横加指责，采用快刀斩乱麻等方式力求解决问题，都是导致初中生不能顺利接受各种教育的主要原因。在研究中我们发现，对待青少年出现的问题不仅需要耐心细致地说服教育，还需要耐心地等待他们认识到自己的问题，更需要耐心等待他们有能力进行自我管理。

2. 学会做人，心正事才通

学知识，必须先学做人；学做人就必须先正心；心通了，才能做事；事做了才能有所发展。

其实，每个人的成长过程都是一个学习过程，在不同的成长阶段，学会调节自己的不良心理，学会改善自己的做事态度，在不断充实自己的过程中，拓展自己的识别能力，才能不被眼前的困惑蒙蔽心智。

教育是一个培养人的过程，更是一个使受教者拥有精神、知识财富的过程。教育的事情不是一个人，或一个阶段所能完成的事情，需要许多人、许多阶段、许多环节的共同合作才能完成。为了使青少年能够在一个快乐、上进、积极的环境中健康成长，必须帮助他们学会认识自己、理解他人、尊重他人、与他人合作，共同营造一个和谐的成长、学习环境，这才是非常重要的。

3. 使学习成为人生的主题

无论面对多大的压力，人都不能放弃学习的机会。知识，不论对个人，还是对社会，都是必不可少的精神力量和物质财富。作为青少年，一切学习活动不仅是为了继续开发内在的潜力，更重要的是为了迎接未来的挑战，为社会的发展献出自己的聪明才智。所以，活到老，学到老，确立终身学习的理念才是现代人的意识。

三、解读初二第二学期至初三第一学期的学生

这个阶段是初中生成长的第三个转折期。在研究中我们发现，近80%的学生在这个阶段表现出行为突变的特点。即由第一阶段的谨慎小心变为鲁莽、敢作敢为等。因此，更加耐心细致地帮助这个阶段的青少年是非常必要的。

(一) 主要的心理及行为特征

分析初二第二学期至初三第一学期的学生心理及行为特点，归纳起来主要表现在以下七个方面：

1. 由于应变能力增强，亲身体验成为主要的行为特征

经过第一、二个阶段的学习和成长，儿童心理基本过渡到青少年心理，并在不断地完善，儿童式的认识方法和思维方式基本改变。这个阶段学生的生理、心理发展处于略为稳定的状态，男女生的性格特征开始有了明显的不同，男生显得勇敢，女生显得腼腆。在不断成长的过程中，逐渐地形成了青少年的思维方式，他们常常处于"敢想敢做"或"不想就做"的状态中，很多的行为常常源于突发奇想，过后又后悔。还有些行为是为了迎接这些外来的压力和自身的心理冲击，采取亲身体验的方式"检验"自己，或者采取躲藏的方

式保护自己。这些都是青少年行为的不稳定性和突变性的表现。

2. 逐渐开始给自己定位

由于学生的认知能力有了明显的增强，有能力接受各方面的影响，所以这个时期的心理特点是由被动的困惑向主动的适应转化，表现出能够以积极的态度克服不愉快的心理冲击，逐渐形成个人的主观意识。开始尝试用自己的观点说服他人，用行为征服他人，从而逐渐学会给自己定位。

3. 由于性意识的觉醒，使青少年常常处于性幻想的状态中

在研究中发现，这个时期约有 70%的男女生开始早恋，直接表达自己对异性的爱恋，有部分男女生交往过密。特别是男生对性问题更加关注，有关男男女女的读物都是他们的选择，他们常常玩着男孩子自己可以看懂的性游戏并自得其乐。面对异性，开始有意识地展示自己，很在意异性对自己的评价，在异性的关心中能获得平和的情绪。有些男生经过这个阶段会变得成熟，女生会变得文静。但也有很多的男生放任自己的言行，使自己误入歧途，这是应该注意的事情。

4. 由于缺乏科学的学习方法，学习活动变得更加艰难

初中阶段的学习方法不仅需要模仿，还需要探究性的学习，在主动分析、研究的过程中，获得对知识的深层次理解，只有这样才能有助于学习活动的顺利进行。经过研究发现，

随着学习难度的增加，大约有 70%的学生缺乏科学的学习方法，约有 30%的学生因此而失去了学习的热情，认为自己不是学习的材料，文化课的学习与自己无缘，尝试放弃学习活动。因此，在这个时期出现了无法独立学习，不能主动完成学习任务，不能自发地调动自己的学习兴趣，自暴自弃，破罐子破摔，从而导致学习活动变得越来越艰难，学习压力越来越大，随之出现了很多不良的学习行为：初期表现为抄袭他人的作业、考试作弊、抄答案、让别人代写作业；中期表现为不写作业，考试睡觉，成绩好坏无所谓；晚期表现为放弃一切学习活动。

5. 由于情绪不稳定，对事物缺乏理性的认识

情绪不稳定是指青少年依据感觉，采用即时行为，借此解除内心痛苦的一种表现。如果感觉是快乐的，情绪就会平稳；如果感觉不愉快，就会立刻有激动、亢奋、悲伤、愤怒、发狂等不良的情绪出现，此时很少设身处地考虑问题的缘由，很少顾及他人的感受。

人们习惯把这种现象叫做"青少年的叛逆期行为"。其实当学生情绪不稳定时，心里是最痛苦的。他们采用与老师顶嘴、与家长吵闹、与同学打架、喝酒抽烟等行为，帮助自己解除心里的痛苦。有一小部分学生采用自残、自伤、破坏公共财物、破坏家具的方式进行泄愤，以达到宣泄内心的不满或痛苦，更有甚者采用自杀的方式解决问题。发作时他们常

常无法控制情绪，如同雄狮猛兽，势不可挡。平静后却如羔羊，温顺可爱。

6. 由于缺乏自信，在迷恋上网的过程中，获得虚幻的成功

在研究我们发现，大约有95%的青少年能够体验到"成功后的喜悦"和"受挫后的痛苦"。但是，面对现实生活的种种困难，自己的理想、愿望又无法得到实现，渐渐地使部分青少年发现只有在虚拟的网络世界中可以寻找实现自我的空间。因此，很快地迷上了网络游戏。在青少年中，常常以游戏的不断升级获得大家的羡慕，他们会把不断升级作为"强项"，压倒其他学生的"强项"，从而获得无比强大的自信心。特别是成绩差的学生，对网络游戏表现出特别的迷恋。

7. 由于社交能力提高，常常表现出盲目的从众行为

这个阶段学生的认识能力有所提高，特别是对自我认识有了提高，从而带动了社会交往的需求。自己想做而不敢做的事情，只要有一个人或几个人先行，他（她）也会紧跟其上，这种表现渐渐地形成了一种盲目的从众行为。不论是从众心理还是从众行为，从个人的发展角度上讲都是一种进步，是将"独立的我"推向"社会的我"的过程，是一个值得重视的过程。

（二）这一阶段的主要任务

这个年龄段的学生，是青年的起步。不论从外部评价还

是自身感受上讲，几乎每个青少年都能发现自己各种能力的明显提高。再者，由于文化知识的不断丰富，学生的学习能力也有了相应的提高，从而使学生接受新事物的能力也随之有了明显的提高。这个阶段，学生个性特征的雏形已经基本形成，在日常行为活动中体现出更强烈的自我意识。面对这个时期青少年的各种变化，采用科学的态度和应对办法，才会有助于他们身心的健康发展。

1. 勇敢地面对各种困惑

这个时期的一部分学生常常表现出鲁莽、轻率、过激，使自己处于无所顾忌的状态中，由此经常受到老师的批评，从而导致对自己的错误行为产生麻痹心理，放松了对自己的管理。

还有一部分学生则表现出胆小怕事、唯唯诺诺、自我封闭、事事退缩的状态。

这个时期对困惑的体验使学生感受到了人生酸、甜、苦、辣、咸的各种滋味，从另一个侧面讲，它又是每个青少年在成长中积累起来的人生财富。

在研究中我们发现，这个时期的生活体验将成为人生最难忘的记忆。在很多年之后，这些记忆都以一种鲜活的方式保存在记忆的深处。

2. 树立正确的自我意识

当代独生子女的最大特点是自我意识特别强，在生活上常以"我"为中心，必然出现外部环境与内心需求的激烈冲突。

缺乏自信心的学生会用消极的处事态度处理眼前的事物，面对困难退缩或怨天尤人，易出现幻想，从而获得精神上的安慰和满足。当受到挫折时，为了冲淡自己内心的不安，采取贬低对方抬高自己的方法获得心理安慰。

自信心过强的学生易产生盲目的自信，面对自己的错误，会强词夺理，或将责任推给别人……

因此，只有树立正确的自我意识，才能正确地认识自己，才能积极处事，获得快乐的人生体验。

3. 掌握科学的学习方法

在观察中我们发现，学习成绩的优劣和进步的快慢是每个青少年获得自信心的主要因素。大约有70%的学生常常处于被动的学习状态中，而且学习的内容仅限于对书本知识的理解和掌握，自主学习能力差，缺少科学的思维方法和准确的判断能力，使学习成为一件痛苦的事情。

一般来讲，书本知识是一个载体，发展各种能力、提高自己的认识水平才是学习的本质。因此，在学习过程中，不仅要准确掌握知识，更重要的是掌握科学的学习方法，不断提高思维能力和认识能力，才能为进一步的发展提供可靠的保障。

四、解读初三第二学期的学生

这个时期是青少年向青年过渡的关键时期，虽然时间短，但却为成功迈向更高一级的教育奠定了坚实的基础。青少年面对升学考试，都会感受到巨大的压力，这也是青少年在人生旅途中最关键的精神体验期。因此，培养青少年坚定不移的奋斗精神，是形成优秀品质的主要途径。

(一) 主要的心理及行为特征

在研究中我们发现，这个阶段的学生有了明显的忧患意识，不仅对自己的现状表现出焦虑，而且对不可知的未来也产生了恐惧感。这个时期的心理特征主要表现在以下两个方面：

1. 缺乏面对压力的勇气

这个阶段是青少年最难渡过的时期，首先，由于学生的学习任务越来越重，心理压力越来越大，使烦躁心理加剧。其次，由于综合信息能力欠佳，没有对所学知识综合概括，对知识灵活应用的能力不够。加之家长、老师对学习成绩的极度关注，使学生有点不堪重负，不能适应紧张状态，表现出不能全身心地投入学习，注意力经常被分散，精力不足。另外，由于不会的难题、大量的习题、各学科的学习任务等都会使学生产生急躁心理，大约有60%的学生有放弃学习任务的心愿。

因此，这个时期的困难在于是否能挑战自己，是否有不服输的心理，是否有永不放弃的精神。只有具备了永不放弃的精神，才能引领这个时期的青少年顺利走出困境。

2. 自我认识能力有了进一步的提高

到了这个阶段，大约有85%的学生对自己有了一个崭新的认识。在不知不觉中学会了从多种角度重新认识这个世界，与此同时，也学会了认识这个世界中的"小小的我"，在不断地调解"内心的我"和"外在的我"的矛盾中，发现了自我价值。在"内心的我"与"外在的我"共同发展的前提下，开始主动探索一条适合自己的发展之路。学会不断地接受自己、发现自己、调整自己，使自己更适应集体生活，能更好地配合家长和老师的要求发展自己，这是人生的第一大进步。

(二) 这一阶段的主要任务

这个阶段的学生，在心理活动和行为举止两个方面已经具有青年人的雏形，基本上能从多角度考虑问题，一个由"个体的人"向"社会的人"过渡的过程基本完成。这个阶段的学生已经学会不断地反思自己，具有了一定的认识自我的能力。在研究中我们发现，一个人能主动地反思自己的行为，对自己有一个较为准确的认识，大约是从这个时候开始的。因此，学会自我教育是这个时期的首要任务。

反思对一个人的健康成长是非常重要的。作为初中生，自我教育的能力主要表现在：学会在反思中纠正自己的错误。

反思的过程就是在敲响内心世界的大门，能认识到自己的错与对，哪怕是一件微不足道的小事，都表明你内心世界的大门已被悄悄打开。

学会体验生活，使自己在丰富的青春期体验中成长，并在不断丰富的知识与情感的积累中巩固自己。

青少年就是在与自己的斗争中悄悄地成熟起来的。

就一个人的发展而言，精神的力量是非常重要的。一个人的精神是需要得到细心的培养、巩固，才能逐渐形成。因此，在这个时期有意识地培养自己坚韧不拔、持之以恒的精神，是为自己一生的良好发展奠定坚实的基础。

这个时期的第二项任务就是努力提高自己的学习成绩。

经过三年的初中学习，不仅知识量剧增，而且学习能力也有了明显的提高，在不断努力的过程中，将每门学科的知识灵活运用到解决各类考试问题，以良好的学业成绩递交人生第一份满意的答卷。

第二节　解读青少年的发展

　　在平时的观察中发现：学生在学习成绩、行为习惯等方面存在的问题是由多种原因造成的，不仅有家长和学校的原因，也有青少年自身的原因。因此，了解青少年在不同阶段的需要，掌握不同阶段的发展状况，及时帮助他们，才能培养出一个优秀的中学生。

一、解读青少年的需要

　　青少年的成长阶段是一个非常重要的时期。它即可以是人生美梦的开始，也可以成为噩梦的开始，帮助青少年拥有美好的成长体验是家长、学校的重要使命。青少年在成长的阶段，"需要"成为主要特征，主要体现在以下几个方面。

(一) 孩子需要来自家庭的温暖

　　对青少年来说，家是一个人的生存之本，相爱的父母、和谐的家庭气氛是一个人成才的关键。在一项调查中我们发现，平均成绩在 80 分以上的青少年，家庭氛围和谐的占 90% 以上。而平均成绩在 40 分以下的青少年，父母经常吵架，学生与父母关系紧张的占 80% 以上。因此，拥有温馨的家庭成长环境，是青少年获得健康、快乐成长的保证。

人由婴儿成长为儿童，由儿童成长为青少年，再由青少年成长为青年，这个过程需要成人长达数十年的关心和爱护。一个温暖的家庭，就是一个温暖的港湾。在温暖的家里，孩子健康成长，最终成为社会的栋梁。

对于成长中的青少年，"爱"的需求是第一位的。

美国教育家曾对没有达到普通智力水平的儿童的生活环境及心理环境进行调查，发现这些儿童与家庭成员之间有矛盾，家庭气氛紧张，心理压力大，常常表现出情绪消沉、脾气大。由此看来，不论是国内国外，"爱"是一个青少年健康成长的第一要素。

目前，有许多家庭，或父母不和，或与长辈不和，都给青少年带来了不良的影响。没有安全、温馨的生活环境，就不会有青少年的健康成长，更不会使青少年获得全面的发展。

(二) 孩子需要尊重

人都有需要他人聆听自己心声的愿望。青少年也需要成人聆听他们的问题和困难，需要得到成人肯定的评价，需要成人能注意他们的意见和建议，接受他们的感受，赞许他们的成绩。

人从婴儿开始，就有了这种需要。婴儿会因为看到成人的笑脸而高兴，也会因为看到成人生气、愤怒的脸而被吓哭。他们也会用自己喜怒的表情，获得成人对他们的重视。

随着年龄的增长，这些需要变得更加强烈，并且更加隐蔽。

在研究中我们发现，父母无心管理孩子的家庭，孩子出现的问题就会相应多些；父母管理方式粗暴的家庭，孩子的问题也会比较多。对于孩子，教育的方式应随着年龄的增长而发生相应的改变。尊重孩子，就是理解青少年在成长过程中出现问题的正常性，采用科学的方法帮助他们解决所面临问题，而不是以简单的打骂解决问题。聆听他们的心声，理解他们的心理需要，动之以情，晓之以理。这样的教育效果往往是出人意料的。

(三) 孩子需要耐心的引领

青少年在成长的过程中，拥有文化知识仅仅是人生的一部分需求，而拥有自信心、爱心、责任心，才是走向快乐人生的根本。随着年龄的增长，每个人都会发现自己与别人的差距，这个时候，引导青少年知道"一个人不可能把每件事情做好，只要把一件事情做好就已经很了不起了"的道理，是非常重要的。

不论是家庭教育、学校教育，还是自我教育，都应该让人明白：人，才是最大的财富，有人才会有一切，存在就有意义。引领青少年认识到只有不断学习，才能拥有丰富的精神世界，才能有效地服务社会，也才会彰显自身存在的价值。

二、解读青少年的性心理

一个人进入青少年阶段的第一个标志是性成熟。不论是男生还是女生，性成熟标志着一个人已经完成了从儿童向青少年的过渡，正在逐步走向青年人的行列。由于青少年成长阶段时间短，很容易被家长忽视，常常错误地认为青少年还是一个儿童，忽视了性对每个青少年健康、快乐成长的干扰。初中阶段学生身心的发展状况直接影响人一生的发展，因此，解读这个时期青少年的性心理是非常必要的。

在教育研究的过程中，我们发现：在短短的初中三年里，青少年对性的认识可以分为四个阶段：

第一个阶段是性认识的萌芽期。时间大约从小学六年级到初一第一学期结束。在这个阶段里，女生的生理发育开始渐渐地显现出来，大约有30%的女生来了例假，这个时期女生因为性困惑所受到的干扰大于男生。

这个年龄段的学生，对性的认识仅处于朦胧状态，认为性就是男女之间拉拉手、递张小纸条、上学或放学时一起走走等行为。

第二阶段是性心理困惑期。时间大约从初一的第二学期到初二的第一个学期末。在这个阶段里,男生的生理发育渐渐地显现出来,近70%的男生有遗精现象,而且常常因每次遗精而失眠、做噩梦、注意力不能集中等。这个阶段的女生处于比较稳定的状态,相互之间能交流一些生理上的困惑。这个时期男生的性困惑大于女生。

这个阶段,青少年的性困惑更多地表现为一种心理冲击,对身体各部位的明显变化有一种强烈的恐慌感,既难以启齿,又迷惑不解。男生对生殖系统的明显变化相当敏感,成为最不可告人的隐私。

这个时期,青少年对性的认识处于萌发状态,男生较为主动地提出与女生交往的需求,并伴有较为亲密的举止,如亲吻、拥抱等。

第三阶段是性意识建立期。时间大约从初二第二学期至初三第一学期,有被异性追求、与异性玩耍、单独与异性朋友相处的愿望。这个时期对性的认识体现在与异性独处的快乐中。

由于有"单独相处"的愿望,所以这个阶段的学生对性的认识比较直接,开始早恋,通过写情书、不断地发短信、打电话等方式,直接面对面地表达自己对异性的爱恋。

在这个阶段,不论男生、女生都能主动地向对方表达自己的心意。在通常情况,男女生多以群体活动为主要形式,在群体活动中达到相互了解的目的。

第四阶段是性幻想期。时间大约是从初三的第一学期至高一的第二个学期末，在这个阶段里，大部分男女生有身体接触的愿望，希望能与异性朋友手拉着手一起逛街，并开始相互交换信物，出现了比较明显的早恋现象。这个时期，青少年在与异性的交往中以单独活动为主，非常在意他人过问此事。

性，是人类无法回避的问题。如何处理好因性困惑带来的各种干扰，是初中生应该认真思考的问题。

其实，在与异性交往的过程中，每个人都可以培养自己的责任心、使命感，学会体验他人的情感、情绪，学会相互关心、相互爱护、相互理解、相互体贴、相互尊重。

在研究中我们发现，青少年在与异性正常的交往过程中，学到的东西会比与同性交往中学到的东西多，学会与异性交往是非常重要的。

三、解读青少年心目中的老师

人在成长中离不开学校教育，老师是学校教育的施行者。

（一）老师地位的变化

在研究中我们发现，在一般情况下，学生对老师的认识从年龄上大致可以划分为三个阶段：

第一个阶段，老师就是"至尊"。时间大约从小学一年级到五年级，老师被认为是世界上最神圣的人。这个阶段的学生都非常听老师的话，老师的话就是"圣旨"。在学生的心目中几乎是老师说将来怎样，将来就会怎样。

第二个阶段，老师有"好"有"坏"。时间大约从六年级至初一结束，在这段时间里，非常听"好老师"的话，可以接受"好老师"的任何批评。对"坏老师"常常看不起，评头论足，起一些难听的外号，不服从"坏老师"的管理，甚至背后谩骂"坏老师"。大部分学生到了这个阶段，对老师的话只听一半，而另一半就是学生自己和家长的认识了。

第三个阶段，崇拜某个"好老师"。时间大约从初二开始到高一结束，由于学生的认识能力不仅逐渐提高，而且认识的方向具有了明显的选择性，所以在这个时间段里，学生会在众多的"好老师"中寻找自己的崇拜对象。当一个老师拥有高水平的讲课能力、耐心负责的工作态度、对学生一视同仁等综合素质时，这样的老师将成为学生崇拜的偶像。对这样老师的每一句话，他们会不由自主地服从。对自己不喜欢的老师常表现出装着尊重，而背地里则不屑一顾。

（二）老师应该得到尊重

每个人都要经过学生阶段，有些人很幸运，因为他们遇到了理解自己的好老师。当然，我们也能听到家长在抱怨孩子的老师如何不好，也能看到当自己的孩子遇到一个好老师时家长的高兴劲。

我们承认有些老师对待家长的态度确实过于严厉，特别是成绩差或较顽劣的学生，他们的家长因此很怕见到老师。而这些家长越不敢见老师，就越会与老师缺乏有效的沟通，使家庭教育、学校教育、学生的自我教育陷入恶性循环中。

另外，在学校教育与家庭教育相互的沟通中，我们也能经常看到或听到这样的情况：当老师说到学生在学校的表现时，有些家长会对老师说"我生的娃娃我知道，他（她）不会出现你说的那些问题"，或者说"我小时候就是这个样子……"还有些家长在老师面前滔滔不绝地讲自己在家里是如何"科学"地教育孩子的，完全不在乎老师对学生的客观评价。更有甚者，全家齐动员一起找老师的麻烦。如果家长过分溺爱学生，就会使学生不知道尊重老师，也不会尊重老师。

其实，对每个人来说，老师的重要性是不言而喻的。在学校我们可以看到，近99%的老师非常热爱自己的职业。他们耐心细致地做每一个学生的工作，认真对待每一个家长提出的问题，耐心指导家长掌握科学的家庭教育方法，就像一支蜡烛"燃尽了自己，照亮了他人"。

理解老师的"严厉"是非常必要的。在学校，老师的教育方法完全不同于家庭中父母的教育方法。换句话说，父母给了一个人生命，老师造就的是一个人的精神和灵魂。这也是人们把老师叫做"人类灵魂的工程师"的真正理由。我们每个人都有这种感受，纠正一个错误认识或一个不良的行为习惯是非常艰难的，同样培养一个人良好的习惯更是艰难。只有理解老师的严厉，才能真正理解老师育人的艰难。

当父母难，当一个好老师更难。教育是一个创造性的舞台，老师是学校教育的代言人。在这个舞台上只有达到师生之间、家庭与学校之间的相互尊重、相互配合，才能充分发挥老师的内在潜力，才能使学生顺利地获得良好的学校教育，才能有助于学生身心的健康发展。

目前，我国的教育体系中存在某些不和谐的现象。老师教给学生的东西不一定是学生想学的，而学生想学的东西也不一定是老师所教的。现在已经有很多有责任心的老师开始主动地探索、研究影响学生智力和心理发展的问题，探索更加适合中国学生的科学的学习方法。因此，家长和孩子都应该对学校教育充满信心，对老师充满信赖。

四、解读青少年心中的家长与"我"的关系

在研究中我们发现，青少年对家长的依赖程度和自我管理的能力，随着年龄的变化而发生变化。

11～13 岁左右，家长在青少年心目中的地位已经下降，而自我意识进一步上升，同时表现出愿意听自己喜欢老师的话，不太听家长的话。

14～16 岁左右，家长在青少年心目中的地位继续下降，自我意识继续上升，同时表现出不愿意听老师和家长的话，喜欢按自己的想法做事，我行我素。

随着年龄的增长，青少年的认识能力有了明显的提高，觉得父母接受新事物的速度迟缓。但是随着自身社交能力的不断增强，他们又会发现父母的"迟缓"是一种因阅历而有的沉稳。在这种沉稳里，父母的智慧为成长中的孩子搭建了一个坚实的平台。在这个平台上，父母成为青少年健康成长的坚实后盾。

父母的爱是最无私、最真诚的爱。只是由于青少年从小养成了"得到"的习惯，很少考虑到施予者的感受。再者，随着年龄的增长，自我意识日趋强烈，更加忽略父母的感受。只有当自己成为父母时，才能体会到父母的心情。即便是这样，父母总是为了孩子的成长默默奉献。一个人在父母那里学到的东西是最直接、最有利于自己发展的知识。如果没有父母的生活经验与知识的授予，单靠青少年自己总结到的人生经验是非常贫乏的。父母的知识永远是"不交学费"就能获得的智慧，尊重父母其实就是珍爱自己。

青少年仍处在成长阶段，在这个阶段中，每个人不仅要有健康的身体，还需要有健康的心理。不仅要从书本上学习，还要学会从父母那里学习人生的经验、智慧。只有这样，才能不断地壮大自己的精神力量，丰富自己的知识，使自己成为一个对家庭、对社会有贡献的人。

第三节　能力小测试

一、自控能力小测试

下面是自我管理能力的小测试。不论是哪一种测试结果，你都应该告诫自己：我一定要成为一名最优秀的初中生，时时刻刻严格要求自己！

测试要求：共 13 个小题。先看题，弄清楚①②③④⑤各自代表的含义，然后进行选择。全部完成后，按照后面给出的分值，计算你的得分，评价一下你的自我管理能力。

测试说明：

1.下面 13 个题分别描述了青少年各方面的行为表现。题后的①～⑤序号即表示选择项，又表示所得分数。如第一题中，选择了②就得了 2 分，选择了③就得了 3 分。

2.①②③④⑤分别表示的含义如下：

①表示"完全不是这样"

②表示"很少这样"

③表示"有一半情况是这样"

④表示"大部分情况是这样"

⑤表示"一贯这样"

3.请你读完每一题后，在选择符合自己情况的选项的序号上画"√"，全部完成后，统计得分。

测试题目：

1.学习上遇到任何困难都由自己分析、思考、研究,并得出答案。 ①②③④⑤

2.你能拒绝别人给你提供的吸烟机会。 ①②③④⑤

3.当你不想借给别人东西时，你能拒绝别人的要求。 ①②③④⑤

4.当有同学劝你一块上网吧时，你能拒绝别人的劝说，不去上网吧。 ①②③④⑤

5.当你的同桌是一个爱说话、不注意听讲的同学时，你是一个不受干扰的人。 ①②③④⑤

6.你特别爱与他人交流知道的事情，但你从不上课说话，并能认真听老师讲课。 ①②③④⑤

7.你是一个知道自己毛病，并能主动克服自身缺点和毛病的人。 ①②③④⑤

8.你是一个敢于承认自己错误的人，也敢于进行自我批评的人。 ①②③④⑤

9.你是一个能静心听父母讲话的人。

①②③④⑤

10.无论哪一种考试，你从不作弊。

①②③④⑤

11.你是一个脾气急躁的人，可是很多同学都觉得你是一个脾气挺好的人。　①②③④⑤

12.你是一个贪玩的人，但从没有因为玩而耽误完成作业；也没有因为作业不认真，受到老师的批评。

①②③④⑤

13.你的同学中有很多人迷恋上网，你每周上网时间大约2小时左右。　①②③④⑤

得分情况评估：

总分在13～26分的人，个人的自我管理能力较差，不能捍卫自己的正当权益，也不能表达自己的思想，往往为了迁就别人而忽视自己。如果连委屈感都没有，那生活也就过得很窝囊了。

总分在27～39分的人，具有普通的自主能力，一般情况下能维护自己的权利，但在环境的压力下容易屈服，换句话说，就是在轻松的环境中能表达自己的意见，一旦遇到坚决的反对，就会放弃自己的主张。

总分在40～65分的人，有很强的自我意识，是一个能管住自己的人。这样的人常常成为群体的组织者和领导者，敢于表达和坚持自己的意见，有时不免显得有些固执，但常常能克服阻力，达到自己的目标。

二、看图测试：

1.用 30 秒钟的时间进行记忆，并说出你所记住的内容：

牡丹花、玫瑰花、桃花、木棉花、梨花、丁香花、杏花、海棠花、梅花、荷花、杜鹃花、牵牛花、太阳花、菊花、山茶花、茉莉花、桂花、兰花、白兰花、石榴花、长寿花、昙花、大丽花、迎春花、百合花、指甲花、蒲公英、棉花。

写出你记住的花名，考察你有意识的记忆能力。

评价标准：

①如果你能写 26～28 个，你有较强的记忆力。

②如果你能写 20～25 个，你有较好的记忆力。

③如果你能写 10～19 个，你的记忆力有待进一步的开发。

④如果你只能写出 1～9 个，你需要付出更多的努力，开发记忆潜能。

2.用 1 分钟记忆各图片的位置。并在后图中，用各图片对应的汉字填空。

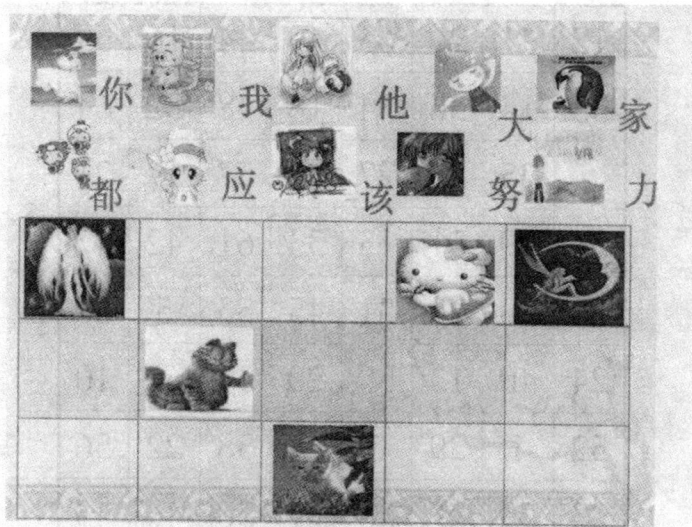

评价标准：

①如果你只错一个或全对，说明你的形象记忆得到了很好的开发。

②如果你错了 3～1 个，说明你的形象记忆还没有很好开发。

③如果你错了 4～5 个，说明你的形象记忆还没有得到开发，你要努力了。

3.按自然数的顺序，用手指指出每个数字的位置，并读出声来。

12	41	26	63	49	44	16	59
55	14	36	54	18	48	32	64
6	35	25	27	4	57	17	21
34	19	51	15	33	61	42	47
7	28	2	31	45	53	5	60
24	40	13	50	20	37	62	10
52	1	29	3	9	58	22	56
23	39	8	38	11	30	46	43

评价标准:

①如果你用3~4分钟,按顺序找到了全部的数字,说明你的注意力比较好,要好好发扬。

②如果你用5~7分钟,说明你的注意力一般,还需要很好的开发。

③如果你用了7分钟以上,说明你要好好努力了,因为你的注意力涣散。

三、开发大脑潜力的小游戏

目的:协调左右大脑的相互配合能力,开发大脑潜能。

游戏规则:规定左右手同时画,完成任务后,再画另一组。

1. 左画横线右画纵线。

2. 左画方形右画圆。

3. 左画三角形右画菱形等。

训练时间：3～5分钟的时间为佳。效果很好。

四、培养注意力的小游戏

要求：在给定的30分钟内抄写一篇足够长的课文，在抄写过程中要保持高度的注意力，达到定心、收气、凝神。到时间结束后，做好以下几个统计工作：①统计第一个涂改的文字。②数出被涂改的字的个数。

自评标准：

1. 如果你是初一的学生，应该抄写150个字，错10个字为最佳。

如果你是初二的学生，应该抄写350个字，错5个字为最佳。

如果你是初三的学生，应该抄写400个字，错3个字为最佳。

2. 如果第一个涂改的字在前部分，说明你的注意力很不集中，要用心培养。

如果第一个涂改的字在中间部分，说明你的注意力还需要很好培养。

如果第一个涂改的字在最后，说明你的注意力已经得到比较好的培养。

后　记

在从事初中教育的二十多年里，我深刻地感受到引导青少年拥有健康、快乐的成长体验是一件很不容易的事情。在学校教育和家庭教育中，我们常常怪学生学习不用心或不努力，当学生犯错误时我们对他们的批评多、帮助少。很多时候作为施教者的我们忘记了自己面对的是一个个等待我们成人帮助和引导的未成年人。

在调查中发现，约有80%的学生无法体验到学习的快乐，约70%的家长不能耐心或不会教育自己的孩子。在课题研究的过程中还发现：青少年在初中阶段的不良习惯与学校、家庭、个人都有着密切的关联。我一直在寻找一种能有效帮助这些孩子的办法，这也是我写这本书的最初想法。通过这本书，目的是通过自己的观察和思索使学生和家长了解青少年的成长规律，针对青少年不同时期的成长特点进行不同方向、不同目标的教育，使家庭教育更加具有科学性和艺术性，使每个青少年都能获得健康快乐成长的体验，都能顺利地接受学校教育。

　　这本书能顺利地完成并出版，要特别地感谢我的校友、现任新闻出版局副局长的汪晓军。我是一个数学专业的理科生，对写作有恐惧感，是汪晓军帮助我树立了写作的信心。在我最初的写作中，经常是文不成体，话不成语，羞涩的我不敢将自己的作品拿给别人看。是汪晓军不厌其烦地耐心指导我，使我体会到他常说的"从小处着手，做细心研究"的道理，渐渐地养成了一边思考一边做心得笔记的好习惯，从而渐渐形成了一个较为清晰的思路。我还要感谢我的责任编辑侯君莉，是她的努力使这本书成为现在大家看到的这种形态。

　　我更要感谢兰州十一中这片沃土，感谢兰州十一中的各级领导。感谢蔡涵勤校长为一个普通教师所营造的浓浓和谐的教科研氛围，使我拥有了源源不断的创作灵感。没有同仁的精神鼓励和支持，没有一个和谐的教学工作氛围，就不会有我潜心做学问的机会，更不会有这本书的问世。

　　感谢甘肃省教育厅厅长白继忠、兰州市副市长周丽宁、兰州市教育局局长王有伟，是他们使我的思考更加符合青少年"获得快乐、健康的成长体验"的新理念，为我勇敢地迈出人生梦想的第一步树立了自信心。

　　感谢兰州市教育科学研究所的所长郑作慧，副所长罗钟伟，研究主任朱文科，《兰州教育》的编辑温兰君对我的巨大帮助和支持，在他们的亲自指导下，我不仅建立了科学的教育教学理念，而且在认真做好每个课题研究的过程中，将自己的教育教学经验与解决学生问题的研究课题有机地结合在一起，使我对未成年人成长问题的研究认识更加清晰，没有他们的帮助就没有本书立论的科学性。

我还要感谢每一位家长和我的每一位学生，他们的善良和乐观的生活态度给了我无穷的工作热情，使我更加热爱自己的工作，更加热爱自己的职业。

这本书的出版是每一位教师心愿的汇集。书中还有许多不成熟、片面的认识，恳请各位读者提出宝贵的意见和建议，以使我的认识更加完善。

徐　文

2009 年 9 月 9 日